なぜイノベーションは起こらないのか

THE HEART OF INNOVATION: A Field Guide for Navigating to Authentic Demand
MATT CHANOFF, MERRICK FURST, DANIEL SABBAH, and MARK WEGMAN

マット・チャノフ
メリック・ファースト
ダニエル・サバー
マーク・ウェグマン　著

今井 健男　訳

真正の需要を捉える
プロダクト創出の科学

丸善出版

The Heart of Innovation

Japanese translation rights arranged with Berrett-Koehler Publishers, Oakland, California through Tuttle-Mori Agency, Inc., Tokyo.

私達は本書を家族に捧げます。彼らの計り知れないほどの支援や忍耐、そして私達に与えてくれた歓びに感謝をこめて。

リサ、エイプリル、カレン、そしてデイナ。

ヤエル、タリア、イーライ、ジェシー、そしてニーナ。

ジェイソン、アーニャ、そしてラブリー。

エミリー、ザカリー、そしてマーク。

そしてマッキーとマーリー。

目次

第2部　戦略的なイノベーション……77

序文

イノベーションに対する私達の認識は、大ヒット商品に支配されています。ゼロックスのコピー機。IBMのPC。アップルのiPhone。ボーイング737。フォルクスワーゲンのゴルフ。しかし、イノベーションへの道は多くの場合、成功ではなく失敗によって塗り固められています。市場投入されたプロダクトの約3分の2は1年以内に破綻しているのです。その結果、莫大な経済的損失と、エンジニアリング、デザイン、マーケティングに費やされた数百万時間の損失が発生しています。経済成長と発展を制限しているのは明らかであり、かつ重大なものです。

『なぜイノベーションは起こらないのか』（原題：*The Heart of Innovation*）は、人間の行動を深く理解するレンズを通して、イノベーションを求める需要側を検証するという斬新なアプローチで、この喫緊の課題に取り組んでいます。その結果、本書は「真正の需要」を評価する包括的なガイドとなり、イノベーターにとって強力で新たなツールとなっています。

人間行動に関する新たな研究によって経済理論が根本から変わったのと同じように、私達は今、心理的盲点やバイアス、誤った思い込みがイノベーションにどのような影響を与えうるかについての洞察を得ています。『なぜイノベーションは起こらないのか』は、新製品の創出を妨げる思考の誤りを避けるために、誰もが使える貴重な考え方を紹介しています。そのような思考の誤りの多くはよく知られたものです。既に自分が持っている信念を裏付けるような情報を探し求めたり、既にプロジェクトに投入したものを理由に、時間、資金、資源を投入し続けたり、情報の提示のされ方や枠組みに基づいて情報を誤解したり。古典的な例でいうと、患者は、ある医療処置の失敗率が10％であると説明する医師より、同じ処置の成功率が90％であると説明する医師を一貫して選ぶ傾向があります。バイアスがビジネス上のイノベーションに影響を与えた有名な事例はたくさんあります。コダックは現状維持バイアスによって、デジタルカメラを最初に発明したにもかかわらず、デジタル写真技術を積極的に取り入れることができませんでした。同じバイアスによって、ブロックバスターはオンラインストリーミングとサブスクリプションベースのビジネスモデルへの転換に遅れを取ってしまいました。AOLの場合、偽の合意効果により、顧客が独自の会員限定プラットフォームを望んでいると思い込んでしまいました。

たとえ誤りを犯すといっても、私達は生活を一変するようなイノベーションを生み出す能力を持った合理的な生き物です。私達は月に人を送り、原子を分裂させ、砂をコンピューターチップに変え、自らの遺伝子を解読しました。

イノベーションは依然として強力な力を持っていますが、それを実現するのは容易なことではありません。広く信じられていることとは逆に、イノベーションが「ひらめきの瞬間」に依存することはほとんどありません。多くの場合、イノベーションはゆっくり時間をかけて行われます。このユニークで洞察に満ちた本が明らかにするように、そのプロセスは、真正の需要とその価値を見極めるための、厳密で科学的根拠に基づいたアプローチを開発することから始めるべきです。イノベーションを成功させるためには、それが不可欠なのです。

あなたが消費者向けのプロダクトを生み出す起業家であろうと、市場や顧客行動の変化に対応しようとするビジネスリーダーであろうと、あるいは単に好奇心旺盛な人であろうと、「イノベーションの本質」は、成功を生み出す、優れたイノベーションのためのガイドです。

アーヴィンド・クリシュナ　ＩＢＭ会長兼ＣＥＯ

序章

フレデリック・ビューヒナーの「神が汝を呼ぶ場所とは、汝の深き歓びと世界の深き飢えが出会う場所である」[1]という格言は、私達が本書を著した理由を的確に示していました。本書は信仰とは何の関係もありませんし、ビューナーは召命（神に与えられる使命）について語ったのですが、イノベーターとはまさに、自身の深い歓びと世界の深い飢えが出会う場所に召されし者、なのです。

この考え方は、イノベーションと発明の違いを理解するのに役立ちます。イノベーターは発明家にもなりえます。美しいものを発明したり、技術的に驚くようなものを構築したりすることに喜びを感じることができます。しかしイノベーターにとって最も深い歓びは、変化をもたらすものを創造し、実現することにあります。商業界においては、それは顧客に溢れた市場に変化をもたらすことを意味します。非営利団体や学問の世界では、受益者や学生に違いをもたらすことを意味します。これらすべての分野において、期待される受益者が無関心であれば――イノベーションが何らかの形で「売れ」なければ、イノベーションは完全なものとはなりません。

見かけ上、イノベーションは自己実現を実践していく行為に見えます。イノベーターは、課題や好機と認識したものに対してインスピレーションを受け、何かしらのソリューションを得ます。そのインスピレーションは、課題についてじっくり考える中で、あるとき火花が散るように生まれることもあります。あるいは、もっと限定的で個人的なものから生まれることもあります。それは雷に打たれるようなひらめき、長年の経験、あるいは言葉では定義しがたい何かしらの創造性からかもしれません。インスピレーションがどこから来るにせよ、イノベーターがそこに投資しようとするのは、そのひらめきが深い自己の現れだからです。それを推進し、やり遂げようとするモチベーションは、プライドや承認欲求、野心から来るものです。

それは物語の一部です。しかし重要な部分が欠けています。それは、成功と失敗を分ける小さなニュアンスです。成功するイノベーションはまた、そのイノベーションが対象としている人々の深い自己、モチベーション、プライド、承認欲求、野心、等々と結びつかなければなりません。イノベーターの深い歓びだけでなく、世界の深い飢えとつながる必要があるのです。

優秀なマーケターであれば、これを読んで「当然だ、なんと当たり前のことを」と思うかもしれません。優れたマーケターは誰でも、顧客の飢えに細心の注意を払います。彼らは、顧客がソリューションを求めていることを知っているのです。顧客の興味を様々な方向に向かわせるフレーミング[2]や影響要因についても熟知しています。しかしイノベーションの観点で見ると、マーケターが行動する段階は遅すぎます。真のイノベーションは、物事の最も初期の段階で生まれるものなのです。マーケターは、何かしらプロダクトを与えられて、あるいは与えられたプロダクト対して仮説を立てて、それに基づいてマーケティングを行います。イノベーションラボ[3]やデザイン会社から生まれるほとんどのイノベーションも同様です。既知の問題に対して素晴らしいソリューションは得られるかもしれません。しかしそのような状況は、イノベーターが行動を起こすには遅すぎるのです。彼らは、ニーズや問題に関する何かしらのアイデアをきっかけとして、それを可能にする新しい方法を探す作業に取りかかります。しかしこの時点までに、ニーズや課題に対する勝手な思い込みがプロジェクトに組み込まれ、発明されたソリューションという歪んだレンズを通して物事を見ることになります。気がつくと、四角い釘を丸い穴に押し込むかのような売り込みをしている、なんてことが往々にして起こるのです。検証されていない、あるいは不適切に検証された思い込みがたまたま正しいこともあるかもしれません。しかし、たいていの場合はそうではありません。そしてそうでない場合、いくら創意工夫を凝らしても、人間中心設計やマーケティングをしても、状況を好転させることはできません。イノベーターは誤った課題からは、どんなにソリューションが巧妙でも真正の需要に到達することはできないし、マーケターは、顧客やクライアントが本質的に無関心であるときにマーケティングを成功させることはできません。

本書は、真正の需要を理解し、それが成立する条件を創り出すことを中心に扱っています。真正の需要には、何かを欲しいと思う気持ちは関係ありません。それは合理的な意思決定の産物でもなければ、非合理的なマーケティングやフレーミングのトリックの影響でもなければ、課題へのソリューションでもありません。真正の需要とは、需要という問題全体に対して異なる見方をしたものなのです。

川を想像してください。川の片側には小さな町があり、もう片側には工場があります。工場で働く人々は町に住んでいます。午後5時になると工場の汽笛が鳴り、従業員たちは家路につきます。ある者は川岸まで行き、そこに停泊させていた小さなボートを漕いで帰ります。ある者は上流の川の浅いところまで歩いて行って、浅瀬を渡ります。大きなボートに投資して、川を渡るための切符を売っているような人たちもいます。

しかし、あるときイノベーターが現れ、橋を架け、料金所を設置しました。やがて、工場労働者のほぼ全員が通行料を払い、橋を歩いて渡るようになりました。

需要がどのように見えるかは、どこに座っているかによって異なります。橋の建設業者や料金徴収業者は圧倒的な需要を目の当たりにします。毎日、人々の大群が橋に向かい、料金所の現金ボックスを埋め尽くしているのです。しかし当の顧客からすると、強烈な欲求があるわけでもなく、プロダクトに熱狂しているわけでもありません。顧客は合理的に問題を解決しているわけでもありません。非合理的にマーケティングに影響されているわけでもありません。真正の需要とは、製品やサービスを購入したり利用したりすることが生活の一部となっている人々の需要のことです。

イノベーションが起こる前、労働者たちは手近な手段——ボート、上流の浅瀬、その他何でも——で川を渡っていました。橋が架かった後も、彼らは自分たちのやることを変えませんでした。ただ、手近な手段が橋になっただけです。この新しい手段へのシフトは、普遍的でも自動的でもありませんでした。しかし、そのアイデアが生まれて、実際にシフトが起こってしまうと、古い方法に戻ることはもはや選択肢ではなくなりました。ボートを使うと自分が変になったように感じられてしまいます。川を渡る、なんてことをふと考えたとしても、今となっては危険で不快なものに思えてしまいます。もちろん例外はあるでしょうが、橋を使わないと、普通に振る舞っていないかのように、ルールを逸脱したように思えてしまうでしょう。これが後述する〝not not〟の意味するところです。人々は橋を使わない訳にはいかないのです。

それが真正の需要です。しかし、それを見つけるのは厄介です。ここで説明した状況――労働者、工場、川など――は不完全で、容易に誤解を招いてしまうでしょう。もし、労働者が帰りにボートで釣りに出て、夕食に魚を持ち帰るのが普通だったとしたら。川渡りクラブに所属することが名誉だったとしたら。誰かが工場の側に新しい住宅地を建設していたら。そんな細かな状況はいくらでもあるでしょうが、そういう状況があったなら、誰も橋を使わないでいたかもしれません。本書は、イノベーターやイノベーターと協働する人々が、それぞれ置かれている実際の状況を、必要な関連性をもって詳細に理解し、イノベーターが提供する製品やサービスが顧客の状況に適合し、その一部となるための方法を説明し、そのためのツールや経験則を提供するものです。

本書の著者4人は、人生の大半を発明やイノベーションに費やし、経営者、投資家、大学教員、CEOとしてイノベーターとともに働いてきました。第5章では、IBMをインターネット時代に導いたダニーのストーリーを紹介します。ダニーはIBMで40年のキャリアを持ち、何千人もの従業員と何十億ドルもの資金を賭けて、会社の各部門を立ち上げ、経営してきました。彼は現在、IBMのコンサルタントであり、未公開株式投資会社やヘッジファンドのコンサルタントでもあります。第8章では、メリックとマットがダンバラという会社を立ち上げた話が登場します。メリックは8つのスタートアップを設立し、カーネギーメロン大学とジョージア工科大学でコンピュータサイエンスの終身教授を務め、カリフォルニア大学バークレー校では国際計算機科学研究所の所長を務めました。更にジョージア工科大学で戦略的イノベーションセンター（the Center for Deliberate Innovation）を設立し、（マットとともに）フラッシュポイントというビジネスアクセラレーターを立ち上げました。本書にあるアイデアの多くはここで開発されたものです。マットは、ダンバラやフラッシュポイント、[4]シードファンド、その他のプロジェクトでメリックと協力するほか、エンジェル投資家として数十の企業に投資し、さらに世界中の非営利団体の役員を務めています。マークはＩＢＭを代表する科学者でイノベーターであり、１００を超える特許を発明し、一流の工学系論文誌に掲載された論文の著者であり、彼の名前は他の論文から１万７０００以上引用されています。彼の発明はＩＢＭの多くのイノベーションを支えており、発明とイノベーションの差を意識し、それを明確にする彼の知恵が、本書の随所に散りばめられています。

　メリックとマットをこの本の執筆に導いたのは、スタートアップ企業の成功を支援し、知的な深みと価値のあるやり方でそれを実現したいという真正の需要でした。ダニーとマークは、私達が開発したアイデア、ツール、語彙の核心に惹かれたのです。この本を書くことになったのは、メリックとマットがフラッシュポイントで数々のスタートアップ企業とともに学んできたことを、一連のブログ記事にまとめたのがきっかけでした。ダニーとマークが私達をアメリカ企業の最高レベルにおけるイノベーションの課題に目を向けさせたことで、フラッシュポイントでのプラクティスを文書にまとめようとする動きは加速しました。ＩＢＭにおけるマークの発明はあらゆるＧＩＦフォーマットの画像やコンパイラの最適化の基礎となっています。しかし一方で、彼は何度も何度も、彼や同僚の画期的な技術を何とか活用しようと会社がもがいているのを目の当たりにしました。ダニーのＩＢＭでの仕事は、画期的な技術を製品化することが中心であったため、彼は経営の観点から同様の問題を多く見ることになったのです。だからフラッシュポイントに集まったアイデア、言語、ツールは、2人がこれまで苦労してきた状況にそのまま当てはまると感じたのです。本書は、私達がイノベーションが重要な4つの異なる分野（スタートアップや小規模企業、大企業、非営利団体、大学）で学んだ教訓をまとめたものです。私達はこの本を、イノベーターと、そうしたすべての場所で彼らを支援する人々のために書きました。

本書は2部構成になっています。第1部「偶然のイノベーション」では、イノベーターが真正の需要を見つけたり、見つけられなかったりすることで生まれたイノベーションの成功例と失敗例を紹介します。第1章で無関心の問題を紹介した後、第2章では、田舎の小さな会社、ハミングバード社とそのリーダー、ジム・バルコムについて記します。ジムは最新のプロダクトについて意思決定するため、できる最善の策をすべてやろうとしました。顧客と話し、専門家から助言を受け、さまざまなバージョンをテストし……。本当にそれらを全てやっていたら、会社は倒産していたでしょう。ただ、釣具店でたまたま起こった会話によってそうなりませんでした。会社は倒産どころか、関係者の誰もが夢にも思わなかったほどの成功を収めました。第3章では、もっとありそうでなかった成功例を紹介します。地球上で最も無力な人間だったイノベーターが、悲鳴というシンプルな「プロダクト」でコミュニティを変えたのです。

第4章から第6章では、私達が充形的、変形的、創形的と呼ぶ、3つの異なるタイプのイノベーションについて説明し、分析します。これらの章では、ＩＢＭの最大の成功例のひとつと、同社で最も残念な失敗例のひとつ、ソウルサイクル、そしてフィラデルフィア郊外のあるショッピングモールを事例として取り上げています。

第2部「戦略的イノベーション」は、イノベーターが真正の需要を戦略的に発見し、そこにイノベーションを起こすためにとるべきステップの解説に費やしています。第7章では、メリックとマットが真正な需要の理論化に向けて踏み出した最初の一歩について述べています。第8章では、真正の需要に到達するのを阻むバイアス、認知的錯覚、そして心理的盲点に焦点を当てています。第9章では、フラッシュポイントのメリックとマット、そしてIBM社のダニーが、これらの課題を克服するための文化やイノベーション環境の創造にどのように取り組んだか、その概要を説明します。第10章と第11章では、まだ充たされていない真正の需要を発見するためにメリックとマットが開発した2つの中心的なツール、シチュエーションダイアグラムとDPI（Documented Primary Interaction）について説明しています。DPIを作成するためのより詳細な説明は付録に記載しています。戦略的イノベーションについての詳しい情報は http://cdi.gatech.edu/ で入手できます。

イノベーターは根っからの反逆者です。人と違うことをすること、自分のやり方でやることに全身全霊を注ごうとします。戦略的イノベーションは、それを奪うことはしません。充たされていない真正の需要を見つける方法を、マネージャーが監督するような手続きに落とし込むことはできません。旅は常に未知の景色を通り抜け、せいぜい部分的にしか想像できないゴールへと向かうものです。そのためには勇気、粘り強さ、創造力、適応力、そしてハードワーク――どんな冒険にも必要なものが必要になります。本書がそのためのツールを提供することが、私達の願いであり希望です。

第1部　偶然のイノベーション

真正の需要こそがイノベーション成功への原動力です。第1部では、イノベーターが真正の需要を特定できたか（できなかったか）によってイノベーションが成功したケースと失敗したケースを紹介します。しかし、いずれのケースでも、真正の需要を見つけたのは偶然でした。それらの手がかりは、偶然の発言、部外者の洞察、試行錯誤、顧客からの明確な要求などからもたらされました。良い偶然が起こることもありますが、たいていの場合はそうではありません。このような実際の事例を通して、真正の需要がどのようなものなのか、どのように作用するのか、そしてどのようにそれを特定するのか、を感覚的に理解してほしいと思っています。後ほど、第2部で、それを発見するための戦略的な方法論を提案します。

第1章　行き詰まりから脱する

ポール・サイモンは以前、ディック・キャヴェットの番組でインタビューを受け、「明日に架ける橋」をどのように書いたかについて語ったことがあります。彼は最初にアイデアがどうして出てきたか述べた後、「それで、行き詰まってしまった」と言いました。キャヴェットが「行き詰まるとはどういう意味ですか」と尋ねると、サイモンは「どこに行こうとしても、自分が行きたくない場所にたどり着いてしまって、それで行き詰まってしまった」と語ったのです。[1]

本書は起業家、投資家、マネージャー、社会活動家、その他あらゆる種類の、自分の行きたいところに通じる道を欲するイノベーターのための本です。ジョー・レガーは、初期のフラッシュポイントに参加した起業家でした。彼の会社スプリングボットは、国内で最も急成長したスタートアップのひとつとなりました。ジョーは最近、会社を立ち上げる際に自分で作成したＴｏＤｏリストを見返しました。ロゴを作ったり、ビジネスの重要人物とのミーティングを確保したり……リストの項目はどれも、生産的に感じられるけれど、行き詰まりからは脱せないものばかりでした。ジョーは、振り返ってみると、それらを達成するかしないかは会社を成功に導くこととは何の関係もないとわかった、と言います。彼は活動し続けていたにも関わらず、行き詰っていたのです。

自分が行きたい場所につながらない方向に走るのは、単に非生産的というだけでなく、逆効果です。行きたいところに行けないだけでなく、本当に取り組むべき問題を避ける口実にもなってしまいます。

ポール・サイモンの目標は歌を完成させることでした。イノベーターの目標は、イノベーションを完成させることです。イノベーションは、イノベーターの頭の外の世界に組み込まれるまでは完成しません。つまり、歌を完成させるのとは異なり、イノベーションは、他の人々がそれを採用し、それがチームへの参加であれ、投資であれ、提携であれ、（最も重要な）プロダクトを買って使うことであれ、何らかの形で自分たちの生活に取り入れることで初めて完成されます。私達がここで話すことの多くは企業やプロダクトに関わることですが、イノベーションはビジネスだけにとどまりません。革新的な非営利団体、ムーブメント、アイデア、芸術作品もまた、それ自体が単独で良いかどうかではなく、次の、ある重要な問いによって成立するか、失敗となるかが決まります。つまり「対象としている人々がそれらに無関心なのか、それともその人々が何らかの形でイノベーションを生活に取り入れているのか」という問いです。現代人が行っていることのほとんどは、それ以前に成功したイノベーションの結果です。しかし、だからといってイノベーションが簡単だというわけではありません。多くの努力を必要とするという意味での難しさではなく（それもたいてい必要にはなるのですが）、何をしたらいいのかわからない、行き詰まってしまうという意味での難しさなのです。

ビジネスやその他の組織における持続的イノベーションの核心は、互恵性にあります。イノベーターが何かをすることで、他の人々が何かをするようになり、それによってイノベーターがそれまでしていたことを続けられるようになります。両者の行動は、ともに、繰り返すサイクルの中で支援し合います。それこそが完成されたイノベーションのメカニズムなのです。イノベーションはプロダクトとして形になることが非常に多く、「他の人々」とは顧客で溢れる市場になります。顧客はプロダクトに対価を支払うので、イノベーターはプロダクトを作り続けることができます。非営利団体や政治運動のような非商業的な組織では、互恵性は他の方法で現れるかもしれません。しかし本書では、主にスタートアップや大企業のビジネス・イノベーションに焦点を当てます。

イノベーターとして行き詰まるということは、相互のダイナミズムを発揮できないことを意味します。行き詰まる箇所には多くの種類があります。テクノロジー、マーケティングとセールス、財務、リーダーシップという4つの大まかなカテゴリーについて、多くの研究がなされ、多くのアドバイスが提供されています。

テクノロジー　イノベーターがよく行き詰まるのは、自分が考えているプロダクトを、機能、コスト、量産性まで含めて実際に作り、生産することができないからです。

マーケティングとセールス　彼らはしばしば、自分たちのプロダクトを顧客になるであろう人たちの目に触れさせ、納得して購入してもらうために、どのように進めればいいのかわからず行き詰まってしまいます。

財務　資金調達ができなかったり、商品を生産して利益が出るように売ることができなかったりして、よく行き詰まります。

リーダーシップ　イノベーターはしばしば、それを実現するために適切なチームを編成し、適切な文化や職場環境を作り上げることに行き詰まります。

近くの図書館や書店に行くか、アマゾンで適切なカテゴリーを検索すれば、それぞれのテーマについて読むべき本がたくさん見つかるでしょう。

本書の前提は、そこには第5のカテゴリーがあるということです。それは部屋の中の象[2]のように通常は無視されたり、拒まれたり、うやむやにされたりしています。

自分がこの第5のカテゴリーで行き詰まっているという事実を直視することは、勇気のいる行為です。手遅れになるまで批判的に考えないようにするのはとても簡単です。しかし、このカテゴリーから抜け出すことが最も重要な責務であり、そうすることで他のすべてのカテゴリーにも重要な手がかりを提供できるようになります。

この隠れたカテゴリーは通常、需要と呼ばれます。ただ、特に必要性のない購買活動と区別するために、ここでは真正の需要と呼ぶことにします。真正の需要の対義語は、無関心です。真正の需要は、顧客となるべき人々が、買わないことを問題と感じ、無関心ではいられないと感じ、重要な何かを侵害したように感じるときに生まれます。

圧倒的な数のビジネスアイデア、新製品、スタートアップは、単に真正の需要に応えていないのです。イノベーションの定義も失敗の定義も様々であるため、信頼できる統計はありません。しかし、20世紀に最も尊敬された経営学教授であるクレイトン・クリステンセンは、失敗率を90%以上と見積もっています。[3] 少なくともそれくらいの割合でスタートアップは失敗しており、その失敗の主な理由は顧客からの無関心であるというデータがあります。非営利団体や活動家の運動もまた、同様の割合で失敗しています。しかし、こうした驚異的な失敗率は、一般にはほとんど知られていません。グーグル、アマゾン、フェイスブックなど、誰もが知っている勝ち組の大手ハイテク企業の名前はみんな知っています。多くの検索エンジンやオンライン・マーケットプレイス、ソーシャルメディア・プラットフォームは破綻したにもかかわらず、それら一つ一つの名前を覚えている人はほとんどいません。

テクノロジー、マーケティングとセールス、財務、リーダーシップの各分野で、行き詰まりを克服することが不可欠です。それぞれのカテゴリーにおける課題の中には、非常に厳しいものもあります。充たされていない真正の需要を発見し、それに対処するという課題も同様に厳しく、少なくともなくてはならないものですが、直接注目されることはほとんどありません。

イノベーターはしばしば、「バリュープロポジション」、「顧客の課題解決」、「プロダクトマーケットフィット」という観点から考えようとします。しかしこれらは、実は真正の需要の代用品に過ぎません。望むべきは、あなたが何かしら価値のあるものを作れば人々が真正にそれを求める、人々の課題を解決すれば彼らがそのソリューションを必要とする、人々の生活にフィットするものを作れば、プロダクトと市場がまるで宇宙のジグソーパズルが組み合わさるかのように合致する、ということです。

代用品はどれも、真正の需要の本質に迫っていないため、イノベーターを簡単に迷わせることになります。バリュープロポジション（価値提案）は、人々が自分にとっての価値を見出すならば、つまり、彼らがそれを欲しがるならば、彼らはそれを買うだろう、という仮定に基づいています。しかし世の中には、人々が欲しいのに買われないものがあふれています。あなたにも、欲しいとは思うけれど決して買わないものがあるのではないでしょうか。有名な格言である「もっといいネズミ捕りを作れば、彼らはやってくる」は、悲しいかな、ほとんど真実ではありません。

同じように、人々の課題を解決しても、彼らが買ってくれる保証はありません。人は往々にして自分の問題を喜んで話すものです。起業家はときどき私達のところにやってきて、潜在顧客に詰め寄られ、課題を熱く語ってくれた、と生き生きとして話すことがあります。その会話によって彼らは、自分たちのプロダクトに盛り込もうとしていた機能の検証は済んだ、その手の問題は全て解決した、と頭の中で思っています。今、もしそのプロダクトが市場で成功したら、私達はその状況を理解するために、恐らく過去を振り返って、顧客の課題を語り、そのプロダクトがどのように課題を解決したかを説明しようとするでしょう。しかし恐らく、そのプロダクトは失敗します。そのとき私達は同じく、今度はプロダクトと市場が一致しなかった点を強調することで、失敗の意味を安易に理解しようとするでしょう。どのような状況にも膨大なデータが含まれており、それをパターンやナラティブ[4]にまとめれば、結果をいくらでも合理的に解釈できます。真正の需要を理解しなければ、プロダクトマーケットフィットは、事前の願望や、事後の正当化と区別をつけられません。

すべてのイノベーターが真正の需要に行き詰まるわけではありません。ある者は運良く、ある者は一見確かな直感を持ち、またある者は粘り強く、手探りで何とかそこにたどり着きます。しかしもっと多くの人は、ポール・サイモンのように、どこに行っても、何をやっても、自分が望んでいないところに行き着いてしまいます。

それは簡単にテストできます。需要はあなたが供給できる分を上回っていますか？　もしそうなら、あなたの課題やあなたが取り組むべきことは他の領域にあります。もしそうでないなら、戦略的イノベーションはあなたの真正の需要を発見する助けになり得ます。

第２章　真正の需要を偶然見つける

近くのコーヒーショップでも、隣のＺｏｏｍの通話でも、何かしらイノベーションを起こそうとしている人を見つけられるでしょう。ほぼすべての大企業のオフィスやマーケティング部門では、人々が革新的な新製品や新ビジネスを考案し、設計し、構築し、ローンチしています。活動家たちは、権利者を活性化させるための新しい方法を計画しています。非営利団体は、問題を解決するための新しい方法を試みています。イノベーションはどこにでもあるのです。

そして、いたるところで失敗しています。マイクロソフトのＢｏｂ[1]を覚えていますか？　クアーズのロッキーマウンテンスパークリングウォーター[2]は？　マクドナルドの大人向けテイストのハンバーガー、Ａｒｃｈ[3]は？　Google Glassは？　Hot Wheelsや[4]Barbie Computerは？[5]　こうした手痛い大失敗は氷山の一角でしかありません。新製品の90％から95％は発売後失敗します。スタートアップ企業も同様の割合で失敗します。ベンチャーキャピタリスト（ＶＣ）によれば、彼らが資金を提供するスタートアップの70％が失敗していますが、それらはＶＣが資金を提供したスタートアップのみの話です。ベンチャーキャピタルが資金を提供するのは、彼らが審査するプロポーザル１００件のうち１件以下です。ベンチャーキャピタルに出資を断られた企業のほとんども失敗します。[6]

こうした失敗はすべて、大金を無駄にします。そしてお金以上に重要なのは、クリエイティブでエネルギッシュな人々の数え切れないほどのハードワークを無駄にすることです。彼らの夢や希望は言うまでもありません。

このようなイノベーションの失敗の原因は謎でも何でもありません。顧客です。顧客は、プロダクトをローンチしたコストを回収したり、スタートアップを維持したりするのに十分なだけお金を出さないのです。CB Insightsがスタートアップの事後検証の結果を分析したところ、創業者が挙げるスタートアップ失敗の三大原因は、（1）資金不足（38％）、（2）市場での失敗（35％）、（3）競争での敗北（20％）でした。[7] スタートアップの失敗の原因として、資金不足は除外できます。それは結果であって原因ではありません。また、競争に負けたことは、市場での失敗の一種としてカウントできます。これはどういう理由であれ、単にプロダクトが市場で失敗したという意味でしかありません。プロダクトが正しく機能しなかったことを失敗の原因とする創業者は8％だけでした。これは医薬品など一部の業界ではよくあることですが、全体としてはまれです。創業者同士が衝突して物別れに終わったり、社員が燃え尽きてしまったり、コストが予想以上にかかったり、といった失敗の経路は他にもあります。しかし、革新的な製品が失敗する圧倒的に多い理由は、顧客が買ってくれないことです。

これはパズルです。人々は、そのプロダクトが売れると思わなければ、会社を興す努力をしません。大企業でのプロダクトのローンチは、売れないアイデアに時間と労力を費やすことを避けるために、広範な市場テストとステージゲートプロセスを経ます[8]。現代のスタートアップは、そのようなことをするリソースをほとんど持っていませんが、リーンスタートアップのプロセスやそれに類するものを通じて、自分たちで同等の顧客発見と検証を行います。ほとんどの革新的なプロダクトは、見込み顧客の支持を得てローンチされます。このようなプロダクトの多くは、マーケティング、広告、セールスインセンティブ、そして今日の消費経済のあらゆるトリックによって大きく後押しされます。では、なぜそのほとんどが失敗するのでしょうか？

マーケターや広報が自分たちのビジネスを知らないからではありません。マーケティングの第一人者、セオドア・レヴィットが有名なマニフェスト『近視眼的マーケティング』を発表してから60年が経ちます。「人々は4分の1インチのドリルを買いたいのではない。4分の1インチの穴が欲しいのだ！」[9]はその中の有名な格言です。マーケターは常にこの教訓を学び直していますし、重要な洞察です。しかし、イノベーターにとってはそれだけでは十分ではありません。イノベーションはマーケティングが効果を発揮する前に起こらなければならないのです。レヴィットは、顧客が4分の1インチの穴を欲しがっていることを知っていました。なぜなら、ドリルで穴を開けて物を留めることは既に確立された方法で、物を留める方法としては議論の余地のないものだったからです。つまり、イノベーションではなかったということです。根底にある真正の需要は、もはや秘密ではありませんでした。それは一般的に確立されたビジネスにおいて言えることです。しかし、イノベーションはそのような秘密が暴かれる前に起こるものなのです。

ジム・バルコムとハミングバード社

イノベーションの真の秘密がどのように明らかになるのか、アラバマ州ユーフォーラという小さな町の、ジム・バルコム[10]を例に観てみましょう。

ユーフォーラにあるハミングバードは、それまでの企業と変わらないやり方で起業しました。ハードワークをする起業家、巧みなアイデア、そして技術的なノウハウを備えていました。その製品は、ヒースキット社のDIYソナーデバイスを、レクリエーションで釣りを楽しむ人々向けの水中魚群探知機として改良したものでした。それまで魚群探知機を買えたのは商業漁船だけで、そういう点で新規性のあるものでした。明らかな需要があり、すぐに年間売上100万ドルを達成しました。

その発明者でCEOは、オートバイを駆る破天荒な男で、ヤンク・ディーンというあり得ない名前[11]を持っていました。彼は、若いハーバードビジネススクール出身の銀行家、ジム・バルコムを迎え入れました。ヤンクとジムは数年かけて、より信頼性の高いプロダクトと活気ある企業文化を築き上げていきました。二人は一歩ずつ会社を成長させ、売上高600万ドルを達成しました。そして、悲劇が起こったのです。ヤンクは突然の心臓発作で亡くなってしまいました。ジムは出資者のところへ行き、「私に実力があるとは思えませんが、残っているのは私しかおりません」と話しました。彼は新しいCEOとなったのです。

ジムの目標は、約5000万ドルと推定されるこのセグメントを独占することでした。彼のマーケティングチームは、現在の市場を徹底的に理解するために奔走しました。人々の釣りを観察し、フォーカスグループ[12]を開催し、顧客や入賞経験のあるアングラー、流通業者、小売業者に相談し、彼らが何を望み、必要としているかを正確に把握しました。その後、ジムはエンジニアと協力し、市場からの最新のフィードバックに基づいて改良された新バージョンを発売しました。

無駄でした。売上は伸びませんでした。

そこでジムは、さらに多くの顧客と話し、新機能のアイデアを聞くための時間と費用をかけ、2度目の新バージョンを発表しました。

売上に変化はありません。

チームは再び挑戦しました。そしてまた、ハミングバードはさらに9つものバージョンを発表し、それぞれで魚を見つけるための機能や利便性を向上させました。魚がよりはっきり見えるようなスケルチノブ[13]、浅瀬でも使える技術、ボートが動いている間でも使える技術、よりポータブルなバージョン、より防水性の高いバージョン、データを巻取り式のテープに記録するバージョン、などなど。

何も起こりませんでした。売上は横ばいでした。何をやっても市場からは600万ドル程度の収入しか得られないとしか思えませんでした。しかし、9つもの新製品を発売するために費用をかけた結果、会社は不安定な状態に陥ってしまいました。もう、後はありませんでした。チームはもう一度挑戦しました。

今回は違ったのです。新製品はすべての販売記録を塗り替えました。実際、過去9回の改良版より機能は少なかったのですが、新しい顧客が突然現れ、全てのボートに1隻あたり2~3台分を購入していきました。同社は、推定5000万ドル市場のシェアを拡大するどころか、全くその先を行ってしまいました。この新しい魚群探知機は、初年度に7500万ドルの売上を記録し、その後も売上は伸び続け、ハミングバード社はピーク時には年間1億2000万ドルの売上を記録したのです。

10番目のバージョンが成功したのは、エンジニアたちがついに正しい機能の組み合わせを得たから、ではありません。成功したのはあるパラダイムシフト、顧客に対する全く新しい理解があって、それで会社そのものを完全に再設計せざるを得なくなったからです。ジムは行き詰まりを感じていましたが、痛みを伴う勝利を、最後の最後ぎりぎりで勝ち取ったおかげで、その行き詰まりから脱したのです。彼は顧客に新たな状況を作り出すことができるようになり、そこでハミングバードの魚群探知機が中心的な役割を果たしたのです。

このような状況では、顧客の需要は渦のようなものであり、プロダクトを求める人々の市場であり、需要そのものがそれを満たすために必要なもの――プロダクトの機能、エネルギー、創意工夫、リソース――を明確にしながら、プロダクトを自分たちのほうに引き寄せていくのです。ジムは市場を牽引するような機能の組み合わせを見つけたわけではなく、トラクション、つまり市場を牽引する力そのものを見つけたのです。そこから、彼は何をすべきかを知ることができたのです。

そのパラダイムシフトを、ジムはこう表現します。「私達は魚を捕まえるのが仕事だと思っていた。しかし、そうではなかった。私達は釣り人を捕まえるビジネスをしていたのだ」。簡単なことのように聞こえますが、その洞察は全く誰にも見えていませんでした。ハミングバード社の使命は、水中にいる魚を見つける装置を売ることでした。「魚群探知機」というラベルのついたプロダクトを、ボートで釣りに行き、機器を使って魚を探す顧客に販売していたのです。すべての道標は、より効果的な魚群探知機を作ることを指し示していました。しかし、それはカモフラージュだったのです。ジムがそれを見破ると、すべてが変わりました。

ジムは顧客を理解するために行ってきた作業の全てに改めて注目しました。ジムが学んだことのひとつは、典型的な顧客は3万ドルのボートを所有し、支払いはきちんとしているが、トレーラーに住み、家賃を滞納していることが多いということでした。ちぐはぐなことに思えます。彼の調査によると、彼らは食べるために釣りをしているのではなく、まさに道楽のために釣りをしていたのです。週末に家族でボートに乗るのは、彼らの大切な逃避行であり、1週間のうちの残りの時間をやり過ごすためのものでした。ジムの関心は、この人たちが魚を釣るのを助けるにはどうしたらいいか、から、彼らが道楽での釣りをできるようにするにはどうしたらいいかに変わりました。

その経緯はこうです。まず、ジムのマーケティング担当副社長トム・ダイアーが、スー・サイモンというマーケティングの専門家を雇いました。ある日、スーは大型釣具店の魚群探知機コーナーにいた、急いでいそうな女性に声をかけ、何を買うのかと尋ねました。

「構わないわ」と女性は応じました。「夫が週末に私と子供たちをボートに乗せてくれるのだけど、最高に退屈なの。子供たちは気が狂いそう。これがあれば、少なくとも子供たちを楽しませることができると思ってね」。

トムやジム、あるいはエンジニアたちだったら、魚を見つける技術に精通しているだけに、こんな話は無駄だと思ったかもしれません。しかし、スー・サイモンはピンときました。顧客は釣り人だけではありませんでした。その多くには配偶者がいたのです。そしてユーザーは釣り人だけでありませんでした。毎週末、彼らが釣りをしている間、小さなボートに長時間拘束され、退屈で死にそうになっている配偶者や子供たちも、やはりユーザーだったのです。スーは、週末の釣りを成功させるためには、魚を釣ること以外にも重要なことがあることに気づきました。彼女はジムのところに戻り、彼が実はエンターテインメント・ビジネスをやっているのだと告げたのです。

スーはフォーカスグループを使って、この転機となる洞察が示唆するものを確認し探求する作業を始めました。すぐに彼女は、これまでの顧客との会話では明らかにならなかったことを学び始めました。魚群探知機の画面は日光の下では使えない。ボタンやノブが複雑すぎる。魚群探知機が、顧客が買い物をする場所で売られていなかった……

セッションを通じて市場に対する理解が修正され、ジムと彼の会社は行き詰まりから脱して、そのエネルギーと創意工夫とリソースのすべてを投入すべき場所を得たのです。

どういう機能を提供すれば良いかの方向性もこれでわかりました。エンターテインメント機器は、遊びに使えそうな魅力を持っていなければならず、科学機器のように威圧的であってはいけません。ジムは、ボタンやノブ、計器類など、なくても困らないものはすべて取り除きました。彼は、自分たちが作り上げた技術に価値を感じてこの変更のアイデアに抵抗するエンジニアリング部門から多くの反発を受けました。しかし、顧客に対する明確なビジョンを持ったジムは、自信をもって彼らを打ち負かすことができました。完成した製品は、市場で最もシンプルな魚群探知機であり、小さなボートに乗せられ出られないでいる子どもたちでも使えるものでした。

エンターテインメント市場への進出において重要だと彼が判断した機能のひとつは、優れたスクリーンでした。魚群探知機の画面は、第二次世界大戦中の映画に出てくるレーダー画面のような回転する円盤でした。ですが太陽光の下ではほとんど読めなかったのです。ジムはエンジニアのアル・ナンリーのところに行き、「世界中を回って、使えるディスプレイを見つけるまで帰ってくるな」と言い放ちました。アルは家に帰り、荷物をまとめました。そして東京で、日立で、彼は探していたものを見つけました。当時ＬＣＤスクリーンは全く新しいもので、市場に出回っていたのは腕時計の小さなスクリーンだけでした。ジムとアルは、その超巨大企業を説得し、アラバマ州の小さな魚群探知機の会社でこの新技術のベータテストを行うことにしました。ハミングバードは、最新のＬＣＤスクリーンを商品化した世界初の企業となりました。

また、販売と流通を舵取りする上で、実際の顧客が誰であるかという洞察が極めて重要であることも判明しました。魚群探知機は通常、ボート販売店やスポーツ用品店にサービスを提供する流通業者に販売されていました。しかし、エンターテイメントの顧客はそのような場所には足を運ばず、ウォルマート[14]に行ったり、バス・プロ・ショップ[15]のカタログで買い物をしたりしていて、どちらも流通業者に依存していませんでした。しかしハミングバード社にとって、直接販売に踏み切ることは大きなリスクを伴いました。流通業者がウォルマートを脅威とみなし、「ウォルマートを通して売るなら、当社を通して売ることはできない」と最後通牒を突きつけてきたのです。大型量販店を選択することは、橋を燃やしてしまうことを意味しました。引き返すことはおそらく不可能ということです。それでもジムは、実行に移しました。

市場を知ることは、ジムが新しい企業文化を築くことにもつながりました。電子エンターテインメント機器を販売するために、ハミングバードは家電メーカーにならなければなりませんでした。アラバマ州中南部の田舎町にひっそりとたたずむ企業にとって、これは決して些細な挑戦ではありませんでした。家電製品のデザイナーやエンジニアを、そういった人々が住むどころか聞いたこともないような町に呼び寄せ、採用し、その後もずっと勤め続けてもらう、ということだからです。ジムは、強力な企業文化の構築にすでに注意を払っており、ここではそれが功を奏しました。そして必要な人材を惹きつけ、維持できる企業環境の構築にさらに力を注ぎました。ハイライトとなるところをいくつか挙げると、手厚い健康保険を提供し、全社的な「禁煙」チャレンジやその他のフィットネス・チャレンジを実施することでコストを抑える努力をしました。また、マーケティングディレクターのトム・ダイアーは、会社の売上が節目を迎えたとき、ゴミ袋に100ドル札を詰め、従業員が玄関を出るときに1枚ずつ、「良い週末を。月曜の朝会いましょう」と言いながら手渡しました。

シンプルですが深い啓示を得て、ジムとハミングバードの他のマネジャーたちは、プロダクト、流通チャネル、企業文化の重要な側面など、ビジネスに関する事実上のすべてを形作るために、今後何をすべきかについて明確な方向性を得ることができたのです。要するに、ジムは自分がどのようなビジネスに携わっているのかを新たに理解したことで、行き詰まりから脱することができたのです。

結局、市場を正しく理解したことで、同社は大成功を収めました。その結果、会社のESOP[16]は700万ドルの払い戻しを受けることになりました。その時までに、何百人もの従業員を抱えており、黒人にも白人にも均等に配分されました。その中には、自宅に水道を引けないほど地方の貧困のどん底にいた者も多数いました。ESOPの配当金が支払われると、バルコムは店頭に立って小切手を配りました。人々はその小切手で家や車を買い、子供たちを大学に通わせ、ゆとりある老後の資金を調達しました。ジムは真の市場を見つけ、その結果、彼だけでなく地域社会全体の生活が変わったのです。

"not not"の原則

ジムのブレークスルーは偶然起こったものでした。しかし、それをきちんと分析することで、このようなブレークスルーに向けて目的意識を持って計画的に取り組む方法が見えてきます。まずは、スー・サイモンが最初に聞いた話を紐解いてみましょう。

あなたが週末に家族で釣りに出かけたとしましょう。その小旅行はどんなものになるでしょうか？一日を台無しにするようなことが起こるとしたら、どんなことでしょうか？

（多くの可能性の中から）3つの可能性を挙げてみましょう。

1 ボートが水漏れを起こす。

2 子供たちがずっと大声を出したり、文句を言ったり、泣きわめいたりし続ける。

3 本来なら釣れるだけの魚を釣れない。

これらの可能性の中で、あなたにとって本当に重要なのは最初の2つだけです。そのどちらかが起これば、あなたの一日は台無しになります。いやもしかしたら、台無しになるのはまるまる一週間かもしれません。しかし、3番目の可能性は……本当に、誰が気にするでしょうか？　もっと魚が必要なら、いつでもスーパーで買えます。

このような状況を考えると、あなたはボートが水漏れしないかどうかチェックしようとしますか？子供たちを楽しませるために何かをしますか？　釣れるだけの魚を釣るのに役立つものを買うのはどうでしょう？

この世界は複雑で、人が100％の予測をすることはできません。イノベーターもビジネスリーダーも、「私の顧客は絶対にボートに水漏れがないことを確認するだろう」とか「子供がボートの上で文句を言わないようにするために何かを買うだろう」と自信を持って言える立場にはありません。しかし、このような状況を考えると、道楽で釣りをする人がボートをチェックしないのは想像しづらく、ボートに子供を乗せておきながら放置しているのも想像しづらいでしょう。ボートを沈ませるのも、子供が泣き叫ぶままにしておくのも、普通の行動ではありません。普通の行動を逸脱しているのです。このような状況にある人たちは、ほとんどの場合、何かしらの行動を起こすことが期待されます。それとは対照的に、道楽の釣り人にとっては、めいっぱい釣れるだけの魚を釣ることなく一日を終えることはごく一般的であり、普通のことなのです。だから、彼らがそれを実現するために何かデバイスを買うとはまったく思えません。

簡単に言えば、このような状況にある人は、ボートの手入れをしない、子供の面倒を見ない、なんてことはしないでしょう。ただ、そういうことは毎回は起こりませんが、起こることです。

世の中には〝not not〟（しないではいられないこと）を見ることでよりよく理解できる状況がたくさんあります。人はドアを閉めるときに指を挟まれないようにしないではいられません。確かに指が挟まれることもありますが、人はそれを避けるために手を動かします。ベッドに行く前に何も食べないままではいられません。道ですれ違った友人に手を振らないではいられません。親は、子供が学校を終えて帰宅するのを見届けないではいられません。[17] "not not" は確実に実現しなければいけないことではありません。時には失敗することもあります。忘れていたり、別の状況が介入してきたり、あるいはもっと強い "not not" が優先されることもあります。しかし、いずれにせよ、それらは大切なことなのです。また、"not not" は絶望的な状況だけに現れるものではありません。気まぐれと必要性の間のどこかにその意義の強さを位置づけることはできません。また、意識的か無意識的かという分類もできません。ドアに指を挟まれたくないという強い願望を抱きながらそのへんを歩く人はいません。ほとんどの場合、意義の強さや意識的な注意なしにそうならないようにしますが、時にはそれを意識して警戒することもあります。"not not" の原則を使う上で、重要かそうでないか、意識的か無意識的かを気にする必要はありません。

"not not" は多くの場合気づくことが困難なものです。人々にとっての日々の生活の中では、ただこなす以上のことではないからです。しかし時には、新しい状況に適応しようとする際に、それが顕著に現れることもあります。子供たちが学校から帰宅するのを見守る親の例で言えば、"not not" な行動を邪魔するような状況に親がどう適応するかを見てみればわかります。スクールバスが運行していなければ、親は仕事を抜け出して子供を迎えに行くでしょう。仕事を離れることができなければ、友人に電話してお迎えに行ってもらったり、その日は歩いて帰らなければならないと子供にメールしたり、学校に電話して、自分が到着するまで子供を安全に預かるよう要望したりするでしょう。世の中は常に私達を新しい状況に放り込むものであり、私達は一般的に、それに対処すべく、自分の

〝not not〟を満たし続けるように状況に適応しようとします。

それができないときは話が別です。時には状況が変化し、うまく適応する方法が見つからないことがあります。ある状況に対処する方法が、別の状況に対処する方法と衝突することもあります。このような状況では、人々が自分の〝not not〟を満たし続けられる、新しい適応方法を提供するプロダクトが飛ぶように売れるでしょう。

〝not not〟の原則は、新しい機会を見つけるためだけでなく、見つけた後に何をすべきかを明確にするためにも役立ちます。ジム・バルコムが新しい〝not not〟を見つけたとき、彼は見やすい画面といった機能が〝not not〟の需要を満たすことを理解しました。魚群探知機をボート上で使用し、水中を観察するという状況にある人は、普通は、通常なら、画面を見るでしょう。そうしなかったとしたらおかしいです。だから、明るい日光の下でも見える画面でなければ、そのデバイスはその役割をきちんと果たせないのです。ジムが以前に試した他の機能──携帯性を高めたり、記録できたり、スケルチ回路を改良したり──は、そのような品質を備えていませんでした。〝not not〟の観点からは顧客にとって意味がないものだったのです。新しいデバイスの機能の詳細を把握する作業は、顧客の状況の詳細を明確にし、〝not not〟原則を適用する作業に変わりました。

このルールは、プロダクトのデザインだけでなく、会社のデザインにも役立ちます。主にウォルマートで買い物をする人々に電子エンターテインメント機器を販売する会社として、ハミングバード社はウォルマートを通じて販売しないわけにはいきませんでした。つまり、ウォルマートがサプライヤーに要求する在庫管理などの手続きを踏まないわけにはいかなかったのです。

ジム・バルコムが"not not"原則を知ったのは、ハミングバード社の魚群探知機を販売してからずっと後のことでした。彼は、自分がエンターテイメント機器を売っているという洞察に至った後、一歩ずつ苦しい道を歩んでいました。しかし数年後、たまたまフラッシュポイントを訪れたとき、彼は強烈な衝撃を受けました。顧客の状況、そしてビジネスの状況を"not not"の観点から理解することは、まさに彼がこれまで取り組んできたことだったからです。

ジムとハミングバードの社員たちにとっては、充たされていない真正の需要を発見したのは運任せによるものでした。物事を違った角度からとらえ、その認識に基づいて行動するには、オープンマインドと勇気が必要でした。しかし、彼らはおそらく自分たちの実力だけではそこに到達できなかったでしょう。恐らくは、魚を釣るという仕事を少しずつ改善するような魚群探知機を繰り返し開発し続けて、会社に変化をもたらすことはなかったでしょう。ハミングバード社にとっての"not not"はある盲点に隠されていました。その盲点はハミングバード社のような小さな会社に限らず、小さなスタートアップからフォーチュン500に選ばれるような大企業まで、あらゆる企業を悩ませています。

第3章　3つのタイプのイノベーション——充形的、変形的、創形的

イノベーションが成功すると、それはもはや革新的なものではなくなり、新たな均衡のもとで目立たなくなります。成功したイノベーションは、すべてのステークホルダーから生まれる新たな一連の行動として表出します。それらの行動は互いに補強し、持続させ合います。ハミングバード社で成功したイノベーションは、顧客、ハミングバードから仕事を得ている人々、更には流通業者やサプライヤーなどの他のステークホルダー、そして見込み客や就職希望者などの潜在的なステークホルダーの行動を変えてしまいました。この後すぐわかることですが、ノーベル賞級の素晴らしい技術革新が行動を変えられないこともあれば、技術もなく、プロダクトすらもなしに新しい均衡を劇的に築くことができるイノベーションもあります。ここではジェーン・アチエンのイノベーションを例に見てみましょう。このイノベーションは、プロセスを最も基本的な要素まで削ぎ落としたものになっています。

小宇宙[1]での文化革新——イノベーター ジェーン

ジェーンは今でこそ悠々自適に暮らしていますが、１９９０年代には地獄のような生活を送る若い

母親でした。キベラは世界最大級のスラム街です。それはスプロール[2]によるもので、約80万人からなる人々がケニアのナイロビの中心部にありえないほど押し込まれてできたものです。電気、水道、下水道、舗装道路、消防隊、ゴミ収集、警察を備えた美しい住宅が立ち並ぶ素敵な近隣区域に囲まれながら、キベラにはそれらが存在しません。キベラは「非法人地域」[3]であり、ほとんどの都市サービスは境界部で止まっています。

多くの人々はケネディ・オデデをキベラの市長と呼んでいます。彼は非営利活動の世界ではスーパースターです。彼は、ケニア全土の貧困層を対象とした250万人の会員を擁するネットワークを運営し、切実に必要とされるサービスを提供するだけでなく、人々が自立し、自尊心を得るように援助を行っています。ケネディはキベラの泥にまみれた路地で育ち、しばしばホームレスとなり、飢えていました。

マットはケネディと対談し、彼のイノベーションについて話を聞きました。マットは本来スタートアップ投資家であり、フラッシュポイントでメリックとパートナーを組んでいます。一方、彼はケネディが運営する団体の理事でもあり、スタートアップだけでなく非営利活動におけるイノベーションにも興味を持っていました。ケネディは組織の話をする代わりに、母親であるジェーン・アチエンの話をし始めたのです。[4]

ゴミに覆われた、未舗装の道路で結ばれた長い小屋が乱立している光景を思い浮かべてみてください。それぞれの小屋は波板でできており、10フィート四方ごとに沢山の部屋に分かれています。各部屋には最低5人、多いと15人が住んでおり、路地や下水溝に直接面していて間を隔てる壁もありません。ほとんどの部屋には、両親のための簡易ベッド、子供たちが寝るための敷物と毛布らしきもの、プラスチックのボウルや食器が置かれた台所のような箇所があり、そして別の箇所には棚が置かれています。それが家なのです。彼らは家の外に出ると、炭の山で料理し、数百メートル歩いた先で黄色い大きな空き缶を持って列に並んで水を買い、ゴミを捨てるか燃やすかし、どこかで排泄します。靴はあまりに汚れているので、履いたまま中に入らない方がいいでしょう。でも、外に置いておくと盗まれてしまいます。乳幼児の死亡率は世界でもトップクラスです。――それがキベラなのです。

しかし、それはジェーンにとって問題ではありませんでした。単に彼女の住む地域がそうだったというだけです。ジェーンの問題は、夫に殴られることでした。この問題を抱えているのは彼女だけではなく、彼女の友人は、多くが地酒の「チャンガ」で酔った夫に殴られていました。殴られるのはよくあることでしたが、不名誉だと思われていたので、女性たちはそれを隠していました。泣き叫ばないようにし、アザを隠していました。話し合おうともしませんでした。

しかしある日、ジェーンは我慢の限界に達しました。それで何人もの友達に全く新しい提案をしたのです。「夫に殴られたら」と言って彼女は言葉を続けました。「黙っていないで怒鳴りなさい。とにかく大声で叫んで。そして、他の誰かが叫んでいるのを聞いたら、あなたも叫ぶの」。彼女たちは実行に移しました。ある女性が殴られたとき、黙っていずに叫び始めました。他の家の女性たちもその音を聞いて叫びました。数分後には、近所中が大騒ぎになりました。やがて、妻を殴っている男の家の前に別の男たちが現れ、ドアを叩いてやめるように言いました。男はそれに従いました。女性たちは次も同じようにしました。ジェーンのやり方は習慣となり、キベラのその地区では、男が妻を殴ることは少なくなっていきました。そこには意識改革も、唐辛子スプレーや護身術の授業も、警察の介入も、非常用のブルーライトボックスもありません。ただ一つ、アイデアがあっただけでした。

その話を今日するとジェーンと友人たち（現在60代）は、男たちが迷惑に思うようになっただけ、と言います。しかし実際には、ジェーンと友人たちは脚本をまるごと書き換えてしまったのです。彼女の過激なイノベーションが起こる前は、殴られることは不名誉なことであり、妻としての失敗の象徴でした。その後、妻を殴ることは恥ずべきこととなりました。怒鳴り、それを他の人たちも肯定し加勢することで、彼女たちが置かれる状況に新たな要素が取り込まれました。公衆の面前で恥をかかないようにするという基本的なコミットメントはそのままに、恥をかくのは加害者の側に移ったのです。キベラの物理的、人口統計学的な特徴もやはりそのままでした。人々は隣り合う金属製の部屋に密集した生活をしていて、だから隣家の声は簡単に聞こえる状況にありました。家庭内暴力は一般的で、だから連鎖反応を起こすのも可能でした。一つの新しいアイデアが導入されたことで、女性たちは同じ状況に違った対処をするようになり、それは男性たちも同様でした。

新たな均衡が確立されるにつれて、イノベーションそのものはフェードアウトしていきました。妻を殴る男は減り、コミュニティの叫び声も小さくなりました。しかし、新しい均衡の要素はそのまま残ったのです。

それから25年後の２０１７年、ケネディは市長と呼ばれるような存在になり、キベラに学校を建設しました。それはスラム街で最もきれいで近代的な建物で、コンピューターや理科室など、教育に必要なものはすべて揃ってました。その年は選挙の年で、選挙が紛糾すると暴動と略奪が起こりました。

例によってキベラがその震源地となり、高価な設備を備えた学校は略奪者の格好の標的となりました。ある夜、女性たちは、自分たちの夫が学校への襲撃を計画しているのを耳にしました。

翌日、男たちが現れると、そこには学校を守ろうと居並ぶ女性たちの姿がありました。両側から怒号が飛び交いました、

しかし結局、男たちは家に引き返しました。彼らは女性たちを殴り倒し、学校に押し入り、1年分の給料に相当するコンピューターを持ち去ることもできたでしょう。しかし、彼らはそうしませんでした。25年前のジェーンのイノベーションは、この頃にはすっかり忘れ去られていました。知られる限りはこの何年もの間「コミュニティの叫び声」は聞こえていません。しかし、そのイノベーションがきっかけとなった行動変容は、どうやら生き続けているようでした。

文化的イノベーションの根源にある意味

ジェーン・アチエンのイノベーションによって影響を受けた人々の数は、IBMによってその行動に影響を受けた人々の数に比べれば少ないです。IBMでは約28万人が働いています。彼ら、そして何百万人もの顧客、サプライヤー、流通業者、投資家などが、互いを支え合う相互作用的な行動をとり、その結果、企業体としてのIBMが維持されています。これらの行動はすべて、企業文化の表れなのです。

企業文化には、価値観、信念、期待、インセンティブが含まれ、従業員や経営陣が、自分たちの間だけでなく、顧客、サプライヤー、流通業者、投資家などとの間で、どのように行動し、相互に影響

するかを決定します。もちろん、組織の物理的、人的、財務的側面もその文化に関与します。１９６０年代以降、企業文化を理解するために多くの研究がなされ、企業文化をタイプ別に分類し、改善する方法が考え出されてきました。しかし、イノベーションそのものや、イノベーションを異なるタイプに分けること、そして企業文化が異なるタイプのイノベーションにどのように関与するかを解明することについては、あまり注目されてきませんでした。

すべての文化は包含と排除を行います。ある活動や行動は範囲内であり、ある活動や行動は範囲外となります。イノベーションは範囲を超え、特定の文化では許されないことを行い、その結果を被るリスクを伴います。そのため、イノベーションの促進を目的としたマネジメント手法は、人々が新しいことに挑戦するインセンティブを与え、安全にすることに重点を置く傾向があります。例えば１９８０年代、日本企業が米国企業との競争に打ち勝ち、イノベーションで勝っているように見えたとき、ウィリアム・オオウチのZ理論が大きな影響力をもたらしました。その理論には、日本の従業員がよりイノベーティブになれるのは、終身雇用が保証されていて、新しいことを試したり学んだりする時間を取っても雇用を脅かされることがないから、という主張が含まれていました。

イノベーションを奨励することや、より安全にイノベーションを起こせるようにすることは悪いことではありません。しかしそれらのアプローチだけでは全く十分ではありません。奨励の欠如や不安感だけがイノベーションの障害ではないからです。文化という小さなルールやガイドラインは、人々の行動のしかたを形作るだけでなく、人々の思考のしかたも形作ります。ハミングバードの企業文化のひとつは、魚を釣る手助けをすることで顧客を満足させるというものでした。イノベーティブであることにインセンティブを与えたり、安全性を高めたりするだけでは、ジムや彼の同僚に別の方法で顧客を助けるという思考をさせることはできませんでした。娯楽機器としての魚群探知機というアイデアは、彼らにとっては盲点だったのです。

定義上、盲点は見ることができません。しかし、盲点がどこにありがちなのかを理解することは可能です。そのための一つの方法は、イノベーションと発明の違いに注意を払うことです。

イノベーションは常に行動変容を伴います。それは、新しい均衡をもたらす持続可能で反復可能な変化であり、文化そのものの形の変化です。イノベーションと発明は別物です。発明は一瞬の出来事かもしれないし、新しいけれど、研究論文になるだけで終わったり、プロダクトに組み込まれても売れず、行動変容を起こすこともない代物かもしれません。しかし、発明がイノベーションの根底にあり、それによって形を変化させることもあります。

すべてのイノベーションは、文化によって維持されている均衡状態を変化させます。そこには3つの異なる方法、持続的な変化の種類として3種類が存在します。私達はそれを**充**形的（**in**formative）、**変**形的（**trans**formative）、そして**創**形的（formative）と読んでいます。充形的イノベーションとは、同じようなことを繰り返すイノベーションのことです。外見的な形や全体の形を変えることはありません。その代わり、新しい資産で形を満たし、既存の企業が技術の進歩や競合他社に遅れを取らないようにし、段階的に収益や利益を向上させるための漸進的な変化をサポートします。R&Dの大半は充形的イノベーションを狙ったものです。変形的イノベーションは、形そのものを変えるものです。その範囲は拡大していきます。適応型リーダーシップ[5]は、変形的イノベーションへの対処に焦点を当てたマネジメントの分野です。創形的イノベーションは最も馴染みが薄いもので、戦略的イノベーションが特に焦点を当てるものです。

充形的　この種のイノベーションは、顧客や企業が置かれている状況を変えることなく、何かを改善するものです。充形的と呼ばれるのは、状況の形を変えず、イノベーションはその形の内側で起こるためです。充形的イノベーションは、既に認識され確立された方向性に従って、プロダクトの漸進的な改善や、顧客の生活の漸進的な改善をもたらします。充形的イノベーションの例としては、鉄道会社が、より新しいディーゼルエンジンや冷蔵車を購入することでサービス向上を検討する、といったことが挙げられます。

変形的　この種のイノベーションは、ある状況での、顧客や企業の行動の元となっていた前提を根底から変えてしまいます。前提を問うことは、企業や顧客の環境や状況に対する考え方を再構築することにつながります。変形的と呼ばれるのは、状況の形を変えてしまうからです。変形的イノベーションは飛躍的な可能性をもたらします。例えば、鉄道会社が自らを輸送会社として再構築し、ロジスティクスや顧客関係における社内の専門知識を活用して、海運や航空貨物のビジネスチャンスに取り組む、といったことです。

創形的　創形的イノベーションとは、状況を1から創り出すイノベーションのことです。事実上、成功したすべての企業は、何か新しいもの、漸進的でないもの、他の何かを変形させただけでないものを創り上げることから始まります。その一例が、1890年代にハーマン・ホレリスが設立したComputing-Tabulating-Recording Company[6]（CTR）です。CTRはイノベーションによって、大規模データの管理という新しい形を創造しました。この会社は後にＩＢＭと名を変えました。

イノベーションの3つのタイプの違いを理解することは、機会の拡大と課題への対策に役立ちます。それぞれのタイプのイノベーションにはそれぞれの問題があり、最も効果的なツールがあります。多くの場合、あるタイプのイノベーションが得意なリーダーは、別のタイプのイノベーションではあまり効果的ではありません。大企業のイノベーターがよく失敗するのは、彼らが充形的なマインドセットやツールに囚われてしまったり、変形的イノベーションの難しさを甘く見てしまったり、あるいは（通常は小規模に始まる）創形的イノベーションの価値を過小評価してしまったりするからです。

あるタイプのイノベーションを気にして他のタイプのイノベーションに気づかないのは、一種の盲点です。より明確な理解をするために、イノベーターは「ここではどのようなタイプのイノベーションが理にかなっているのだろうか？」と自問すると良いでしょう。あるいは、「もし行き詰まったら、それは誤った種別のイノベーションを考えているからかもしれない」ということを肝に銘じておくと良いでしょう。戦略的イノベーションに必要なのは、フォーカスすべきイノベーションのタイプを検討・選択し、その領域に伴う課題を理解し、それに適したツールを使用することです。

第4章　充形的イノベーション——GMR

費やされた時間と費用で見れば、イノベーションのほとんどは充形的です。——そして、それはそうなるべきなのです。このタイプのイノベーションは改善と同義です。イノベーションは、企業が競合他社に追いつき、打ち勝ち、新技術を活用し、創造的な頭脳を働かせるための主要な手段です。イノベーションは通常、企業が先端的な科学とエンジニアリングに深く取り組む場であり、キャリアを発展させる場でもあります。ダイナミックな経済では、立ち止まっていることは敗北を意味します。主導権を失い、顧客の支出におけるシェアを失い、株価を失うことになるのです。

しかし、改善を求めることが正しいアプローチではないこともあります。イノベーターは、問題や機会に対する理解をシフトさせたほうがいい場合もあります（変形的）。まったく新しい問題や機会を発見し、それに取り組む方が良い場合もあります（創形的）。

GMRとWebSphereは、IBMの歴史に登場する二つの例であり、誤ったイノベーションを選択することの危険性と課題、そして正しいイノベーションを選択したときにどんな機会が広がるかを示しています。GMRは、IBMが充形的イノベーションとして実現した発明でした。ライバルはそれ

巨大磁気抵抗ヘッド：IBM研究所の大躍進

それは巨大磁気抵抗効果と言います。10年前には発見すらされていなかったものです。しかし今、熱心な研究開発の結果、「巨大磁気抵抗効果」略してGMRは、IBMが開発したスピンバルブと呼ばれる特殊なGMR構造を使い、デスクトップコンピュータ用の16.8GBという記録的容量のハードディスクドライブで大衆市場デビューを果たしました。

ほとんどの人は、ディスクの空き容量が足りなくならない限りはハードディスクに興味を持ちません。もし貴方がそうなら、この先をお読みください。GMR/スピンバルブヘッドの素晴らしさを理解すれば、ハードディスクに対して最早そんな風には感じなくなるでしょう。

図4.1　GMRのプレスリリース
出典：IBM press release, November 11, 1997, "The Giant Magnetoresistive Head: A Giant Leap for IBM Research."

が消費者にとって変形的イノベーションになると正しく認識したため、ＩＢＭのビジネスは苦境に陥りました。WebSphereは、私達のうちの一人（ダニー）が変形的イノベーションとして認識し、その実現を支援したものでした。（WebSphereについては第5章で触れます。）

１９９７年、ＩＢＭの研究者たちは画期的な発見をしました。巨大磁気抵抗と呼ばれる最近の科学的発見を、新しい種類のハードディスクを作るために利用したのです。ハードディスク用巨大磁気抵抗ヘッド（ＧＭＲ）は、ハードディスク業界に革命を起こすと期待されていました。ハードディスクのサイズとコストは、面密度と呼ばれる指標、つまりディスクの一定面積に保存できるデータ量と密接な関係にありました。特許を取得したＧＭＲ技術により、ＩＢＭは同じサイズのディスクにより多くのデータを保存したり、競合他社の大型ディスクと同じデータを保存できる小型ディスクを作ったりできるようになりました。

ＩＢＭの研究者とマーケティング担当者は、その成果を誇りに思っていました。図４・１は当時のプレスリリースです。

ＩＢＭの経営陣はこのテクノロジーに興奮していたと言っても過言ではありません。彼らはこれを革命的なものだと考えましたし、そう考えるのももっともでした。ＧＭＲはＥＭＣのような競合他社を圧倒すると考えていたのです。彼らは顧客のことをよく知っていました。ディスク容量が大きな問題になっていて、それも悪化の一途をたどっていることを彼らからはっきりと聞いていました。優れたテクノロジーで、ＩＢＭは競合他社を大きく引き離していました。同社のリーダーたちは、いたるところにコンピュータがあり、自動車からトースターまであらゆるものにＩＢＭの超小型のディスクドライブが組み込まれている未来を想像していました。当代で最も聡明で独創的な材料科学者の集団であったにもかかわらず、彼らは、技術がどう利用されるかを、限定的で、充形的なレンズを通して想像するという過ちを犯してしまいました。

彼らだけではありません。他の企業もこの分野で技術革新を起こしながら、その成果を充形的なレンズを通して見ていました。ＩＢＭが大容量ディスクドライブの技術としてＧＭＲを開発していた頃、カリフォルニア大学バークレー校のデイビッド・パターソンと彼の同僚たちは、ＲＡＩＤ(Redundant Arrays of Inexpensive Disks) と呼ばれるシステムに基づいて、安価なハードディスクを連結する方法を考え出しました。ＩＢＭの人々が面密度を高めることにのめり込み、それがストレージ市場の鍵だと考えていたのに対し、パターソンと彼の同僚たちは、データへのアクセスを高速化するという別のことに焦点を当てていました。1枚のディスク上に情報が散らばっているとき、ヘッドが最初の1ビット分のデータを読み込んだ後、次のビットを読むためにディスクが再び回転するのを待たなければいけないことがあります。ディスクは高速に回転しますが、データへのアクセスはミリ秒単位の時間で行われることになります。パターソンは、回転している2つのディスクにデータを分散させることで、次のビットを読み取るまでの時間を短縮し、高速化できると考えました。競争相手であるIBMと同様、パターソンも固定観念に囚われていました。容量かスピードかという細かな違いがありましたが、どちらも、より高速で大容量のディスクこそが市場が求めているものだという共通の見解を持っていたのです。こうした想定はまったく妥当なものでした。顧客も、業界誌も、研究者も、皆デジタルストレージについて速度と容量の観点から語っていました。顧客はそうした観点から製品を評価し、業界内の競争はその指標のもとで行われていました。

しかしパターソンが、協力を仰ぐべく、RAID技術のデモを記者や関係者に対して実演したとき、予想外のことが起こりました。デモの目的は、彼の新しいRAIDシステムのスピードを披露することでした。そのついでに、デモの最後に、彼は余興代わりに、RAIDシステムからハードディスクを一つ抜き取ったのです。同じデータがそれぞれのディスクに入っていたため、システムは動き続けました。驚いたことに、この「ついで」が市場の注目を集めました。

数年後のインタビューで、パターソンはこう述懐しています。

私達はまだパフォーマンス指向で、RAIDはパフォーマンスのためのものだと思っていました。だから誰かが『Byte』誌に書いた記事を読んでショックを受けました。PC業界は明らかにパフォーマンスではなく、信頼性の方に向いていたのです。それで彼らは考えたのです。「低価格でこんな高信頼なことができるんだ」ってね。それでその後、急速に普及したんです。EMCはメインフレームのストレージをPCのディスクから作ることにしました。

そこでＥＭＣが主導権を握り、ＲＡＩＤシステムは主に信頼性の理由からコンピュータに搭載されるようになりました。パターソンが驚いたことに、パフォーマンスが市場を牽引することはなく、ＩＢＭが驚いたことに、小型化も決め手となるような優位性にはなりませんでした。その代わりに、信頼性が高く、ディペンダブルで、[1]管理が容易なＲＡＩＤシステムが普及し、最終的にはサーバーファームへと発展し、ソーシャルプラットフォーム、ストリーミングビデオ、現代のウェブを支えるインフラを作り上げました。[2]

『Ｂｙｔｅ』誌に掲載されたこの記事は、魚群探知機をエンターテインメント機器と見なしたスー・サイモンの洞察がハミングバード社に果たしたのと同じ役割を、ハードディスクの世界で果たしたのです。ＥＭＣはジム・バルコムと同じように、そのメッセージを聞き入れました。ＩＢＭはそうしませんでした。

信頼性に対する真正の需要は目の前にあるのに見落とされていました。市場にいる誰もがそれが重要であることを知っていました。当然ながら、ハードディスクは稼働し続けないといけないのです。重要な指標は「平均故障間隔」（ＭＴＢＦ）でした。許容可能なＭＴＢＦ基準はよく知られており、業界で広く受け入れられていました。ＩＢＭ、ＥＭＣ、その他の競合企業の新しいディスクドライブはすべてそれを満たしていました。しかし今にして思えば、ディスク容量が増加する一方でＭＴＢＦに変化がなければ、その先には問題があることは明らかでした。会社の重要な情報を16ＧＢ保存しているドライブが故障すれば、企業は１ＧＢのディスクが故障したときよりも大きな問題を抱えることになります。全体のリスクを同等にするには、ディスク容量に合わせてＭＴＢＦの基準も上げなければばなりません。デイビッド・パターソンがRAIDシステムから動いているハードディスクを引き抜いた運命的な瞬間が訪れるまでは、市場の誰もそのことに注意を払っていなかったのです。

IBMの社員がその時たまたまよそ見をしていて、真正の需要を認識できなかったのではありません。その間違いはずっと前からあったのです。パターソンはソフトウェアによるハードディスク管理に関して先駆的な研究をしており、そのおかげで、RAIDシステムからハードディスクを気軽に抜き取ることができました。皮肉なことに、IBMには似たような研究実績が大量にあるチームがあり、その分野で重要な特許を複数所有していました。しかし、それはソフトウェアでした。IBMはハードウェアの会社であり、ソフトウェアは脇役に過ぎませんでした。IBMで研究を開発フェーズへ、そして市場まで送り出す役割を担っていたのはハードウェアのグループでした。彼らはその価値を認識していなかったのです。

哲学者ショーペンハウアーはIBMが設立される前にこの世を去っていますが、GMRの運命を予期したかのようにこう書いています。「小川が障害物のない限りさらさらと流れるように、人間や動物の本性は、自分の意思にかなうことに気づくことも意識することもない。もし何かに気づくとすれば、私達の意思は妨げられ、何らかのショックを経験するはずだ」[3]。IBMのリーダーたちが経験したショックとは、GMRで画期的な技術革新を達成した直後にEMCがハードディスク市場を掌握するのを目の当たりにしたことでした。彼らは、コンピュータシステムがあらゆる消費者製品に、トースターにすら搭載される未来を想像していました。しかし、その未来への道、少なくとも収益と利益につながる道は、IBMを経由するものではありませんでした。

ＧＭＲは、科学的・技術的な観点からはとんでもない発明でした。しかし革命的な新技術という割には、ＩＢＭの人々は、革命的でもない、充形的なやり方でしか市場を考えることができませんでした。発明から市場を推測するやり方は、その逆、つまりまず市場から考えるやり方よりも、認知バイアスや錯覚の影響を受けやすいのです。ＧＭＲやＲＡＩＤといった発明そのものが重要なのではなく、重要なのは市場にある真正の需要なのです。

充形的イノベーションへの挑戦

どのようなタイプのイノベーションにも特有の課題があり、それぞれの課題には、その解決に特化したツールを使うのが最適です。漸進的な、充形的イノベーションが直面する課題は、最もよく知られているし、うまく扱われています。だからといって、これらの課題を克服するのが簡単だとか、重要でないとかいうことではありません。この種のイノベーションは、確立されたビジネスの中核である収益、市場シェア、利益率を維持・向上させるために必要なものです。それに適切に取り組むことはほとんどの企業において大量の研究開発予算を消費します。したがって、イノベーションに関する文字通り何千冊もの書籍は、ほとんどが（充形的）イノベーション文化をどう改善するかに焦点を当てています。その手法には以下のようなものがあります。

・技術革新やリスク低減に対する従業員への報奨を与える
・工場現場の従業員によるアイデアの共有を促す
・社員教育の機会を幅広く支援する

・デザイン思考のセッションや同様のプログラムを提供するための時間を確保し、コンサルタントを招聘する
・オープンなオフィスデザイン、グループ活動など、社内の異なる立場の人たちが集まってアイデアを出し合う手法を採用する
・ステージゲートプロセスからコンテスト、フィールドトリップまで、イノベーションのために利用できるプロセスを実施する

これらの手法は、企業が充形的イノベーションを増加させたり、改善させたりする多くの方法の一例です。しかしこの種のプログラムは、充形的イノベーションそのものに内在する2つの大きな限界に対処できるものではありません。すなわち、成熟度と持続可能性です。

成熟度　充形的イノベーションは産業や技術の成熟をもたらす傾向にあり、それゆえ自然と、時間が経つにつれて進歩は少なくなっていきます。これはMBAプログラムでは必ず議論されると言って良い「S字カーブ」です。この曲線は、ある時点で市場が飽和状態になり、競争が激化し、新機能や新技術がもたらす顧客の利益が減少する様子を描いています。漸近的な進歩は、そのうち成長のS字カーブが平坦になっていく変曲点に達します。

持続可能性　事業部門や営業部門を率いたキャリアから、ダニーは、売上と事業の持続可能性に目を配るようになりました。売上を考え、取引を成立させることを考慮するのは短期的には必要ですが、長期的な持続可能性の問題には対処できません。市場は不変のものではなく、新しいテクノロジー、人口統計、競合他社、法規制、世間のムードによって、どんなビジネスでも、維持するための前提が

崩れる可能性があります。経営者が現在の売上目標といった指標にばかり目を向けていると、全てのプロダクトやサービスを陳腐化させかねないようなトレンドや技術的発展を簡単に見落とします。他のタイプのイノベーションも視野に入れつつ、充形的イノベーション全体に目を向け続けることは、成熟したビジネスにとって不可欠なガードレールとなります。

ＧＭＲ技術は結局、ほとんどのハードディスクドライブに搭載されることになりました。しかし期待された利益を上げることはありませんでした。ＧＭＲが失敗したあと、WebSphere――ＩＢＭによる、電子商取引のためのウェブベースの取引を可能にするプロダクト――は成功しました。その成功は技術的なイノベーションに基づくものではなく、マインドセットのイノベーションに基づくもので、物事を違った見方で捉えようとするものでした。

第5章　変形的イノベーション――WebSphere

ハリケーン「フロイド」が東海岸で猛威を振るっていた頃、ダニーはハリケーン上陸の直前、別の嵐と対面すべく、ノースカロライナにあるIBMの施設に向かいました。ダニーはIBMのソフトウェア事業部担当副社長で、その重要な責務のひとつはインターネットビジネスを軌道に乗せることでした。ビルの中にある講堂では、満員の聴衆に見守られる中、白熱した議論が行われていました。IBM最大のソフトウェア開発研究所の所長が立ち上がり、声を張り上げました。彼は技術的な議論を展開し、IBMがウェブビジネスに参入するために彼が考えるアプローチがなぜ正しいのかを説明していました。しかし、それは表面的かつ、あくまで技術的なものでしかありませんでした。ダニーはそれに耳を傾け、相槌を打っていました。怒号が聞こえ始めて、ダニーはただうなずくだけになりました。そしてついに、「君がどう思おうと構わない。私のラボなんだから、私のやり方でやるんだ」という声とともに激しい非難は終わりを告げました。

ダニーはまたうなずきました。その週の後半、ダニーは研究所の予算を大幅に削減するよう指示しました。彼は彼のやり方でやるつもりでした。

ウェブが登場する以前は、企業のＩＴシステムとやりとりするのは従業員だけでした。今日、文字通り何十億もの人々が、買い物や銀行業務、その他何千もの用途で、コンピュータシステムと直接やりとりすることが日常的になっています。そのやりとりの最中で従業員が間に入ることはありません。ＩＢＭは、世界中の多くの企業がウェブベースに移行する際に中心的な役割を果たしました。ＩＢＭは10年の間に、そうした直接的な対話によるビジネスを開発して年間80億ドルを売り上げました。そのすべては、WebSphereブランドをバックエンドにして構築されました。

ＧＭＲのストーリーは、たとえ偉大な発明であっても、それだけではイノベーションへの道を示さないことを示しています。WebSphereのストーリーが示すのは、偉大なイノベーションのために新しい発明を生み出す必要はまったくないということです。

１９８０年代後半、ＩＢＭはさまざまな面で競争に巻き込まれ、市場シェアを失い、暗い未来に向かっていました。ソフトウェアの面では、多数の大企業がデータやトランザクションを保存・管理するために使用する、中核となるデータベースやツールを依然として開発していました。しかし、地盤は変化し、新たなチャンスと課題が交錯していました。

・何十年もの間、ＩＢＭが顧客のためにしてきたことの中核は、情報の保存と更新を支援することでした。新しい環境では、顧客は依然としてデータを保存し更新する必要があったものの、今や世界中にデータをばらまき、顧客に即時のアクセスを提供し、インタラクティブ性を提供し、同時にやりとりを記録し制御する必要もあったのです。このような新たなニーズへの対応では他社の方が先行していました。

・パーソナルコンピューティングの台頭により、市場にさらなる競争がもたらされ、また、ソフトウェアを簡単に使いたいという顧客の期待も高まっていました。

・IBMのツールは、IBMの競合他社やスタートアップによって提供されている大量の自動化ツールと連携しなければなりませんでした。

・まったく新しいステークホルダーのコミュニティが形成されていました。IBMがインターネット革命の一翼を担うためには、こうした新しいステークホルダー、特にマイクロソフトのWindowsやサン・マイクロシステムズのJavaといった業界標準となった技術を使っている開発者たちに、IBMのプロダクトやエコシステムを購入してもらう必要がありました。

IBMは、企業向けのハードウェアとソフトウェアのソリューションにおける中心的存在であり続けていましたが、市場シェアを失いつつあり、そこにマイクロソフトが台頭してきていました。マイクロソフトは、ローカルエリアネットワーク（LAN）で接続された安価なサーバーとPCをベースにした企業向けの新しいアーキテクチャとツールでリードしていました。LANを使って、一部の操作やデータはユーザーのPCに残りますが、大半は企業が管理するリモートのミニコンピュータに保存されます。この仕組みはPCとサーバーの間の個々のプロプライエタリな接続に依存していました。それでも、この仕組みで一部の顧客やビジネスパートナーは特定の企業とビジネスを行うことができ、10年間はそれがあるべき未来のように見えていました。IBMの市場シェアと評判は縮小の一途をたどっていました。

しかし、1990年代の終わりに新たな機会が訪れました。マイクロソフトのアーキテクチャでは、ほとんどの場合は企業内でのやりとりしかできず、場合によっては顧客と企業との間で1対1のやりとりができる程度でした。ウェブはそれ以上のものを提供しました。そのオープンアーキテクチャは、あらゆる顧客とあらゆる企業が利用でき、世界中の人々のシームレスな統合を約束するものでした。ウェブサイトはとんどの人が学習できる程度の単純な言語で全てを記述でき、それゆえあらゆるところに普及していきました。顧客は、普遍的に使える新しいブラウザーを使ってそれらのウェブサイトを閲覧することが簡単でエキサイティングであることに気づき、やがてそのウェブサイト上でビジネスを行うようになりました。マイクロソフトのアプローチは突然時代遅れになったように見えました。IBMのソフトウェア事業はその頃にはひどい状態になっていましたが、この新たな混乱によって競合他社に差をつけるチャンスが舞い込んできました。ただし、IBMがそのチャンスをつかむ方法を見つけられるかどうかは全くの未知数でした。

まだIBMの主要顧客であった大企業や政府は、自身の顧客がセルフサービスでの市場取引を望んでおり、それに応える必要がありました。IBMの顧客の顧客は、自分の銀行口座を管理し、消費財、航空券、保険などを、どこかの店に入って端末に座っている従業員と話すことなく購入したいと考えていました。彼らは自由に、昼夜問わず、自分たちの都合でビジネスできることを望んでいました。消費者がブラウザーを使って取引を行うことに慣れたため、IBMの企業顧客は、ウェブベースのソリューションを作り、ウェブベースの機能を構築するのに必要なツールを顧客に提供する、という手段を採る以外に選択肢はありませんでした。

ＩＢＭには大量のトランザクションやデータベースを扱うメインフレーム用ツールの世界的なエキスパートがいましたが、顧客がそれをウェブに取り込むために必要なプロダクトは持っていませんでしたし、作る能力もありませんでした。市場競争という観点で唯一の朗報は、ウェブ以前のクライアントサーバー技術で先行していた企業各社も同様だった、ということです。ＩＢＭの内部では、当然ながら多くの人間がこの問題を現在の延長線上で（充形的に）見ていました。彼らは、必要な技術やスキル（主にサン・マイクロシステムズのＪａｖａという新しいプログラミング言語）を採用して、すでに販売しているメインフレーム用ツールの拡張機能を開発できると信じていました。顧客のシステム開発部門は自分たちの味方でした。彼らはＩＢＭと何年も協業し、ＩＢＭのツールに馴染んでいました。ＩＢＭの担当者たちの頭の中には、市場調査や顧客企業の担当者との直接のやりとりに基づく、現行路線の延長線上で考えれば良いとする明確で説得力のある証拠がありました。スー・サイモンが来る前のハミングバード社の市場調査員と同じように、彼らは間違った人々に間違った質問をし、自分たちが元々期待していたものしか見ようとしていなかったのです。

ダニーはこれが間違ったアプローチであることを知っていましたが、〝not not〟と「真正の需要」という共通言語なしにその理由を伝えるのは困難でした。それでダニーと同僚たちは、ノースカロライナの講堂で起こったような内部抗争を繰り広げたのです。幸運だったのは、核となる真正の要求がはっきりと見えていたことでした。もうひとつ幸運だったのは、ビジネスの構造が変わっていなかったことです。インターネットがあろうとなかろうと、ＩＢＭは依然として多くの顧客を抱える大企業や政府機関に製品を販売していました。そういった組織は依然として、データを管理するためのツールやソリューションを必要としており、同じ役割を担う同じ人々が顧客であることに変わりはありませんでした。

ダニーはＩＢＭで最も出張の多い人物の一人でした。彼は社外に出て顧客と話すのが習慣でした。もちろん営業担当もそうでしたが、営業での会話は通常、お決まりの内容に終始し、脱線はしないものです。ダニーは会話で何か新しい話題が出てくるように心がけていました。

それで、彼は奇妙なことに気づきました。彼の顧客であるソフトウェア開発部門や大企業は、当然ソフトウェアや技術的な要望について話すのですが、しかし彼らは同時に、あまり通常の会話には出てこないことも言っていたのです。彼らは一貫して、Ｊａｖａプログラマーを雇うことができないとダニーに話していました。彼らはＩＢＭの古いＣＯＢＯＬベースのツールについて学んだり、それを使って仕事をすることに興味がなかったのです。経営陣の主要メンバーであるダニー、ジョン・スウェインソン、スティーブ・ミルズの３人は、単に旧式のメインフレーム用ツールを拡張してＪａｖａを取り入れるというアプローチではうまくいかないことを直感的に理解していました。消費者から、消費者に販売する企業、（社内およびサードパーティの）ウェブベースの開発者、それらの開発者がシステムを構築するために必要なツール、そして最終的にはＩＢＭへと、新たなバリューチェーンが広がっていました。そのバリューチェーンのあらゆるレベルでインターネットへの移行が起こり、ウェブ上で実現できる新しい可能性が認識されつつありました。それらは、従来の延長線上で対処することのできない包括的な変化を意味していました。しかし同時に、あらゆる重要なステークホルダーの〝not

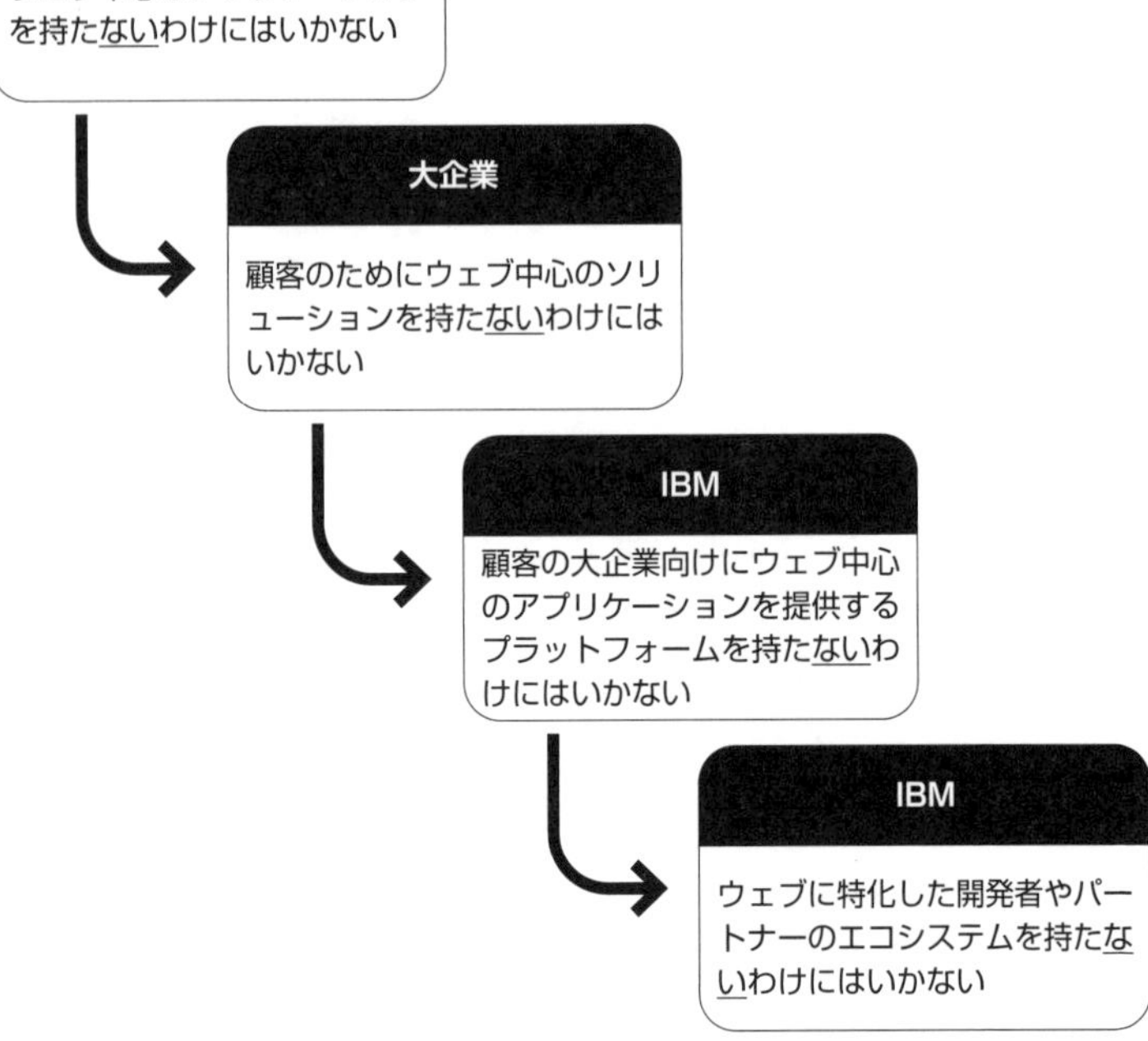

図5.1　not not の流れ

not〟を考慮に入れた方法で、現実的に対処しなければなりませんでした。

WebSphereチームは少なくとも4年間にわたり、このもつれた問題を少しずつ解決していきました。振り返ってみると、一つの〝not not〟に対処することで、図5・1に示されるような、〝not not〟が連鎖する状況を明らかにしていったのです。それは釘がないために王国が失われたという寓話[1]のようなものでした。

1　消費者にウェブソリューションを利用してもらえないでOKには

できなかった。

2　そのような消費者を惹きつけるためのウェブ中心のソリューションを持っていないでＯＫにはできなかった。

3　そのような解決策を生み出すための開発者向けのプラットフォームなしでＯＫにはできなかった。

4　そのプラットフォームを使う開発者やパートナーのエコシステムなしでもＯＫにはできなかった。

ダニーにはこのような語彙を持ち合わせていませんでしたが、事実上何が"not not"だったかを分析していて、チームは充形的イノベーションでは自分たちの進むべき道が開けないことを理解していました。彼らには変形的イノベーション[2]が必要だったのです。

この連鎖は、（1）最終消費者が持つ真正の需要、（2）消費者にサービスを提供する企業が持つ真正の需要、（3）それらの企業からＩＢＭに求められる真正の需要、そして最後に（4）開発者やパートナーからＩＢＭに求められる真正の需要へとつながっています。この４つの階層はそれぞれ、人々が習慣的な状況を維持するためのものだと考えることができます。ウェブが利用可能な世界では、消費者は通常、航空券を購入し、ホテルの部屋を借り、小切手を預け、ストリーミングで映画を観て、その他何十ものことをウェブを通じて行います。昼休みに急いで旅行代理店や銀行に行ったり、地元の映画館で何が上映されているかを新聞でチェックしたり、その映画館までの道のりを地図で調べたり、なんてことはＯＫではないのです。世界は変わったのだから、ほとんどの人にとってほとんどの時間を昔と同じように行動するのはおかしいことです。従って、飛行機の座席予約、ホテルの予約、銀行、エンターテインメント、道案内といった機能を提供する大企業は、顧客にウェブアプリケーションを提供することなしに、自分たちのビジネスを続けることはできません。つまり、IBMは、これらのことを行うためのウェブアプリケーションを構築できるプラットフォームを提供しない限り、顧客に対するビジネスを維持することができないのです。

ダニーはこの"not not"の連鎖をはっきりと理解していたので、研究所のディレクターが自分のやり方でやると叫んでいた講堂で、その彼の計画がうまくいかないことを悟りました。IBMの成功は、若いJavaプログラマーやオープンソース界隈の重鎮によるエコシステムを活用――実際には、エコシステムに参入――することで、2番めの、変形的なイノベーションを達成することにかかっていました。IBMにはプログラミングの高い才能を持つ者はたくさんいましたが、彼らができる、現在の延長線上でなされる充形的なイノベーションは、今求められるものではありませんでした。だからダニーは、そのアプローチのための予算を削減したのです。この変形的イノベーションを実現し、ウェブビジネスを創造するために、ダニーと同僚たちは、その新たなエコシステムの強みやニーズ、そして何が中心となるのかを評価しました。IBMはメインフレームを中心に構築されたレガシーシステムを持ち、大企業のソリューションとしていまだに普及していました。マイクロソフトの開発者ツールはクライアントサーバーのソリューションやツールで卓越していましたが、ウェブによって急速に時代遅れになりつつありました。サン・マイクロシステムズのJavaはウェブアプリケーションを構築するクールで簡易な手段として、開発者の間で人気がありました。また、Apacheウェブサーバーのようなオープンソースのツールも登場し、流行を追う開発者の間で急速に広まっていましたが、プロジェクトの管理体制が緩く、大企業には受け入れられていませんでした。

WebSphereチームが行ったのは、事実上、これらが緩くつながっている状況を、それぞれの組織を取り巻く"not not"の観点から眺めてみることでした。それぞれにとって、その"not not"は苦境、つまり受け入れがたい状況に追い込まれ、行き詰まりに陥っていたことを意味していました。

ＩＢＭとその主要パートナーがしたことは、各当事者がそうした苦境から脱する方法を設計することでした。WebSphereチームは、点と点を結びつけ、ウェブベースの未来の中にＩＢＭを位置づけるようなアプローチを実施したのです。

現実にはマスタープランはなく、明示的に"not not"の推論をしたわけでもありませんが、今にして思えば、バラバラだったピースがすべて合致していました。

・サンはＩＢＭにないものを持っていました。それは、Ｊａｖａのパーティに行き、ＪａｖａのＴシャツを着て、熱心にＪａｖａアプリをプログラミングする熱心な開発者たちのエコシステムが成長していたことです。ＩＢＭにはそのようなクールさはなかったし、生み出すこともできませんでした。しかし、サンのリーダーたちは、本当に儲かるのは大企業向けシステム、つまりＩＢＭの主力製品や事業であることを知っていました。ＩＢＭなしで商売はできなかったのです。だからその結果として、パートナーシップが締結されました。

・Apacheは市場で最も優れたウェブサーバーアーキテクチャであり、しかも無料でした。しかし大企業は利用しませんでした。なぜなら、大企業が必要とするライセンスやサポートが提供されていなかったのです。ＩＢＭはそれを解決する方法を知っていました。ＩＢＭはApacheの非営利財団に資金を提供し、企業顧客が必要とするライセンスの作成を支援し、すべてを利用できるようにし、しかし無料のままにしました。ＩＢＭは無料でモノを提供することに慣れていませんでしたが、Apacheが顧客の間で標準となるにつれて、WebSphereチームは十分なビジネスになると確信するようになりました。ここで注目すべきは、Apacheと競合するプロプライエタリなウェブサーバーを構築しようと懸命に取り組んでいたＩＢＭのチームがあったことです。社内での厳しい争いの後、ＩＢＭは社内の努力を放棄し、台頭しつつあった無料の標準的技術を採用したのです。

・プログラマーはマイクロソフトの、数々の受賞歴を誇る人気ツールであるVisual Studio（ＶＳ）のような開発環境を必要としていました。しかし、ＶＳはＩＢＭにとって望ましくない点が二つありました。競合他社に属していたことと、ウェブ以前の古いアーキテクチャを志向していたことです。それがＩＢＭにとっての契機となり、Eclipseという、競合となるオープンソースの開発環境で、開発者にとっての新たな選択肢を作り上げました。Eclipseは当初、ＶＳほど優れてはいませんでしたが、ApacheやＪａｖａのようなクールなテクノロジーとのつながりによって、真正の需要に応える開発環境となりました。このオープンソースプロジェクトを取り巻く開発者コミュニティは繁栄し、継続的にツールを改良していきました。Ｊａｖａのクールな要素と無料のオープンソースツール（ApacheとEclipse）が利用可能であることから、大学生たちはすぐにそれらに群がり、卒業すると、既にそれらに慣れ親しんでいる若いプログラマーとなり、ウェブソリューションとツールの競争に確かな一撃を加えることとなりました。

全体として、ＩＢＭのウェブ分野への参入には企業文化を「変形」、つまり変革する必要がありました。地域で一番大きな子供のように振る舞い、作ったものを（無償で提供せずに）すべて売り、売ったものをすべて作る、といったことをやめて、他企業と協業をする選択をせねばなりませんでした。ＩＢＭがオープンソースを活用し、エンタープライズ市場との潜在的な関連性を認識したのは、当時80年を超える同社の歴史の中で初めてのことでした。ＩＢＭがサンやApache財団と結んだような協業関係を立案したのも初めてのことでした。スティーブ・ミルズが経営陣としてのリーダーシップを担い、バックアップを行いました。ジョンとダニーは、ビジネスチームと開発チームを指揮してWebSphereを発展させ、Eclipseの基盤機能を市場に浸透させせました。総じてそれは多面的に成功したイノベーションとなり、相互に結びついた網の目のような"not not"に対応し、ＩＢＭとそのパートナーに新たな機会へのアクセスを提供しました。

この変形的イノベーションは成功しました。先に述べたように、WebSphereブランドは10年間で年間売上高80億ドルにまで成長し、ＩＢＭは収益性でセグメントをリードしたのです。

ＧＭＲの状況とは対照的に、WebSphereのストーリーは、ＩＢＭがチャンス（とリスク）に気づき、それを活用したものです。関わった人々は変形的イノベーションを正しい道筋で正しく理解していました。しかし、"not not"や真正の需要といった言葉やツールがなかったため、そのイノベーションは余計な対立、無駄な資金、無駄な時間を生むことになりました。諍いが起きたのは、人々がそれぞれの立場で物事を捉えてしまったからで、問題を一緒に考えるための共通の枠組みがなかったからです。ダニーは直感に基づいて判断しました。ＩＢＭにとって幸運だったのは、二つのことがうまくいったことでした。彼の判断がたまたま正しかったこと、そして彼と彼のパートナーたちが、それを実行するための社内での争いに勝つことができたことです。

共通のフレームワークとは、共通の言語というだけではありません。目の前の現象に気づき、調査し、その結果をもとにどの種類のイノベーションかを判断し、それを進めていくための共通の方法なのです。

変形的イノベーションへの挑戦

変形的イノベーションには、人々の心理的な「変革をはばむ免疫」[3]の問題を中心に、非常に特殊な課題に対処することが必要です。変形的イノベーションが起こす変化はシステム全体に波及する可能性があるため、マネジメントレベルの人々は通常、システム全体をとらえ、変形的なやり方で変化をさせようとします。しかし、変形的イノベーションによって人々がこれまでとは違う仕事をしたり、あるいは違う仕事について考えたりしなければならなくなった場合、彼らはしばしば一種の免疫反応を起こし、巧妙で目につかない方法で変化に抵抗し、イノベーションが根付かないようにします。充形的イノベーションに対して最高のマネージャーとなる人の中には、変形的な文脈ではイノベーションに対して正しい方向づけができなかったり、それを効果的にリードするためのスキルを持たなかったりする人もいます。

ＩＢＭでは、新しいアイデアが生まれるたびに「ＩＢＭ抗体」が殺到してそれを殺してしまうのではないかと心配するのが当然のことでした。変形的な変化への抵抗は明確な場合もあれば、経営陣の背後で進行する場合もあります。一種の不安として現れることもあれば、無意識的で、抵抗している当人たちでさえほとんど気づかないこともあります。ウィリアム・オオウチが「Z理論」で認識したように、職を失うことに対する意識的・無意識的な恐怖が、その種の抗体を生み出すのです。[4] しかし、職を失うことに対して明白に恐怖となって現れるものは氷山の一角にすぎません。

先に述べた、鉄道会社が運送会社に転身する例を考えてみましょう。経営陣から見れば、それは素晴らしいアイデアに見えるかもしれません。鉄道会社を運送会社として再構築することで、役員や上級幹部は、ロジスティクスやカスタマーリレーションにおける社内の専門知識を活用し、海運や航空貨物でのビジネスの機会を活かす姿を想像できます。言い換えれば、同社にはより大きな市場に参入する「権利」を得られるだけの資産と専門知識があるということです。そして、より大きな市場とは、会社のすべてのステークホルダーにとってより多くの資金と成功が潜在的に存在することを意味するのです。一方で、同社幹部のシャロンは鉄道による果物の輸送事業の責任者だったとしましょう。彼女は全員参加の会議ではそのアイデアを支持するかもしれませんが、チームとの会話では、会社がそのビジョンを実行できるかどうかについて個人的な疑念を示すかもしれません。シャロンの免疫反応が引き起こされ、彼女は自分の部署がなすべき変化に（おそらく無意識のうちに）歩みを遅めて対応します。この、歯車に挟まった砂のごときささやかな抵抗が、シャロンのような人物の数だけ発生するのです。ビジョンが実現に至るまでの障害の規模がどれほどかわかるでしょう。

その結果、小さな「XのせいでYができない」が大量に発生し、膠着状態に陥ってしまうのです。

膠着状態の解消は可能で、ダニーのWebSphereでの成功は変形的イノベーションの成功例ですが、発生する衝突の数と、それを解決するために要する余分な時間と労力は過小評価されがちです。

免疫は、ある変化が自分の中のこだわりを脅かすものだと感じると、その変化に反応して発生します。もし変形的イノベーションに求められるような行動をとれば、ある意味で自分自身に忠実でなくなるのです。個々のケースでその感覚が何であるかを突き止めるのは容易なことではありません。人々は、まさにオオウチが「Z理論」の中で述べたように、自分の仕事を守り続けようとすることがあります。あるいは、人々は自分こそが正しいと考えようとすることもあります。おそらくシャロンは自分に対して忠実であろうとしたのでしょう。鉄道を使ってなら顧客に果物を時間通りに届けられるが、航空便を使って同じ約束を顧客にできるか確信が持てなかったのです。あるいは、シャロンは保険料を予算内に収めようとしているが、航空貨物の保険については十分な経験がなく、自信が持てなかったのかもしれません。人々の思いはそれぞれ独特で個人的なものです。そしてそれは目に見えません。それを犯すものに対する抵抗が目に見えないのと同様に。

ほとんどの場合、免疫が発生しないようにする方法を見つけ出す方が、新しい行動や役割を人々に強制するよりも簡単で安上がりです。しかし、免疫を発生させない方法を見つけるためにどんな作業をすればいいかはあまり認識されていませんし、人々はそのような訓練も受けていません。また、その作業を行う能力は、この種のイノベーションによる変化をマネジメントする上で一般的なスキルセットという訳でもありません。

「変革をはばむ免疫」は変形的イノベーションにおける中心的課題であるため、必要とされるリーダーシップは、従来的な状況におけるマネジメントとは異なる種類のものになります。通常のマネージャーは、基本的に、変化に直面したら状況を安定させようとします。外部の脅威に適応し、安定した市場における自社や自社の地位を、維持、または向上させようとするのです。変形的な変化に必要なリーダーシップのスキルは状況を安定させるためのものではありません。イノベーションの目標が状況を不安定にするものであるときに、人々をその軌道に乗せるためのものです。偉大なマネージャーであっても、それを苦手とすることがあります。変形的なリーダーは、変形に伴う心理的な課題に注意を払います。そうした課題を引き起こす要因を避けたり対処したりしようとする人々を助け、企業が起こそうとしている変化への暗黙的、あるいは明示的な抵抗を克服しようとするのです。

第6章　創形的イノベーション——ソウルサイクルと、とあるショッピングモール

充形的イノベーションは、企業の既存の文化や形態を、新しいプロダクト、方法、資産で充たすものです。冷蔵車を追加することでイノベーションを起こす鉄道会社（あるいはＩＢＭのＧＭＲ）を思い出してください。変形的イノベーションは、文化や形態を変化させ、元の形では範疇ではなかった脅威や機会に取り組むものです。鉄道会社が運送会社に形を変えること（あるいはWebSphere）を考えてみてください。創形的イノベーションは、そもそも形がなく、ゼロからそれを創り出す必要があるときに起こります。創形的イノベーションは通常、破壊的なスタートアップ企業と関連していますが、既存企業も新たな創形的ビジネスを生み出すことができます。実際、今日の大企業のいくつかがブロックチェーンやＬＬＭの技術を使ってそれに挑戦しています。

しかし、どこから始めればいいのでしょうか？　スタートアップは通常、アイデアから始まります。起業家精神旺盛な人が、何か課題のように見えるものを見つけ、ソリューションをひらめきます。あるいは、技術志向の人が新しい技術を見て、それをどのように使えばいいかひらめきます。前述したように、こうしたインスピレーションが企業を成功に導くことは滅多にありません。スタートアップ

のうちかなり成功した部類の企業でさえ、そのほぼすべてのプロダクトは最初に思いついたアイデアではありません。インスピレーションは人々に衝撃を与え、たとえば仕事をやめてビジネスを始める、といった行動を起こさせることができます。しかし、既にわかっていることとして、インスピレーションは、企業が創業の元とするアイデアとしては信頼に足るものではありません。

ただのインスピレーションに代わる最もポピュラーな二つのアプローチは、どちらもシリコンバレーにルーツがあります。人間中心設計は1950年代にスタンフォード大学で始まり、約10年前に「デザイン思考」として、トム・ケリー、スタンフォード大学Dスクール、IDEOなどと共に火がつきました。リーンスタートアップは、2000年代初頭にスティーブ・ブランクの『アントレプレナーの教科書』[1]から始まり、エリック・リースによってさらに発展、普及しました。

デザイン思考とリーンスタートアップは、それぞれ健全な原則に基づいています。デザイン思考は、ユーザーの心理、感情、物理的制約に焦点を当てて問題を解決することを重視します。リーンスタートアップは、実際の製品を作る前段階として、顧客と対話し、そこに需要があるという証拠が出てくるまでプロダクトを迅速に反復させることを重視します。どちらも現在では充実した知識体系となっていて、数多くの拡張や精緻化がなされています。それぞれに関連する書籍やオンライン資料、テンプレート、研修、専門家、実践者が山ほど存在します。しかし、どちらのアプローチも真正の需要に対して一貫性のあるような見解を提供しません。デザイン思考は、事前に定義された問題に対して適切な解決策を考えれば、それに対する需要もあるはずだ、という仮定から始まっています。リーンスタートアップは、需要が何かを定義することなく、需要のエビデンスを探そうとします。

創形的イノベーションは新しい形の創造です。状況の捉え方を再構成し、その状況に何か（多くの場合、プロダクト）を差し込むことによって、顧客にとって充たされていない真正の要求を明らかにし、それを充たすことで人々を解放します。創形的イノベーションは、往々にして特権を利用します。既存企業なら特権として、技術、ノウハウ、特許、流通チャネル、ブランド価値、あるいはその他イノベーションに活用できる何かしらの資産、といったものを持ち合わせているかもしれません。

ハミングバード社の魚群探知機の例で言うと、状況の捉え方を再構成することによって、「趣味の**釣り人**」から「**趣味の**釣り人」へと、顧客の理解が概念的にシフトしました。プロダクトは魚群探知機で、フィッシングツアーに参加する人々の娯楽としてのニーズに合致するように作られたものでした。彼らの特権は企業のブランド価値とその資産全てで、それによってハミングバード社はフィッシングボート用に何かを売る権利を得られたのです。

もう一つの例は、マットの父と、その父が経営していた、フィラデルフィアにあったショッピングモールに関するものです。何年にも渡って、マットの父はビジネスの改善を、考えられる限り全て行いました。建物を改善し、駐車スペースを追加し、より多くの顧客を惹きつけると思われるアンカーテナントに特別待遇を行い、休日用のデコレーションをしたり看板に工夫をしたりしました。それらは全て充形的イノベーションの範疇でした。しかしある日、携帯電話キャリアの担当者がやってきました。そのショッピングモールがたまたま、好立地な丘の上にあると判明したのです。キャリアは屋上に携帯電話用の基地局を立てる権利を欲しがっていました。マットの父は、自身のビジネスに全く新しい可能性があることを認識しました。程なく、屋上にはあらゆるキャリアの携帯電話基地局と、そして衛星アンテナが設置されました。既存のビジネスの屋上に、まったく新しいビジネスが設置されたのです。

創形的イノベーションは、ビジネスの資産に対する新たな、創造的な見方を必要とします。それによって新たなビジネスやビジネス領域が創造されるのです。このようなことは、19世紀後半の鉄道事業に実際に起こりました。急成長するテレグラフや（後の）電話の会社は都市の中央部を走るルートに沿ってケーブルを張り巡らす必要がありました。彼らはその目的のために鉄道会社と契約して、土地の所有権に基づく特権、文字通りの「通行権」を使用できるようにしました。

創形的イノベーションは通常小さく始まります。しかしそれは充形的な方法とは異なり、少しずつ大きくなるのではありません。それは破壊的なスタートアップにおけるイノベーションの核となるものです。技術や企業の成熟度が増すにつれて成長や収益が伸び悩むようになる（いわゆるS字カーブ）という一般的な問題を回避できます。創形的イノベーションは同時に、変形的イノベーションを起こそうとする時に常に直面する「変革をはばむ免疫」の問題も回避できます。創形的なビジネスはあまりに新しく差別化されたものなので、抵抗を引き起こしません。そういったイノベーションは通常、組織において新規の、あるいは脅威にならない箇所から発生するからです。

ソウルサイクル――新しい形で新しい企業を興す

2000年代初期、フィットネス産業はターニングポイントを迎えていました。ビジネスが始まったのは何十年も昔で、ウェイトリフティングとアーノルド・シュワルツェネッガーとGold'sジムが片翼を担い、ジェーン・フォンダ、リチャード・シモンズ、そしてエアロビクス狂の人たちがもう片翼を支えていました。その中核をなすビジネスモデルは、本質的には、年会費による収入とコストの最小化でした。会員権には全ての特典が含まれていて、グループでのフィットネスクラスはコストセンターでした。せいぜい、グループフィットネスの損益は別々になっていて、コストばかり気にしているマネージャーがいる、といった状況でした。結果として、グループフィットネスの質は並以下になるのが常でした。インストラクターへの金払いは悪く、それゆえインストラクターはフィットネスセンターからフィットネスセンターへ渡り歩くようなキャリアを歩まざるを得ませんでした。

2005年までに、大規模フランチャイズでのフィットネスセンターのトレンドには警鐘が鳴らされていました。ジュリー・ライスとエリザベス・カットラー[2]はニューヨークのスピンバイクのクラスで出会い、スピンバイクのインストラクターとともに何か違うことを試そうと決めました。

彼女らはフィットネスブティック[3]を始め、ソウルサイクルと名付けました。[4]

スピンバイクは徐々に人気になっていき、これが助けになりました。しかしジュリーとエリザベスは特定のフィットネスのアクティビティが鍵になるとは信じていませんでした。ワークアウトとは体験です。しかしほとんどの人はエクササイズを、とりわけエアロバイクのエクササイズを悪い体験だと思っていました。それは健康になるため、魅力的になるためには我慢しなければならないことでした。これのせいで、フィットネスクラブの会員権は季節営業になってしまっていました。新年の決意をする人々による1月の売上がピークでした。

同じ業界の他の人たちは自分たちが需要を理解していると思い込んでいましたが、ジュリーとエリザベスはそうでないことを見抜いていました。創形的に、彼女たちは新しい形のビジネスを興せると気づきました。彼女らはエアロビクスのエクササイズを、ある種の人々、特に女性、が真正に欲するものに作り変えました。顧客が我慢を強いられるものから、顧客が探し求めていたものに変えたのです。ハミングバード社では、スー・サイモン、いわば外部の人間がその需要を見抜きました。ＧＭＲでは、需要は『Ｂｙｔｅ』誌のレポーターによる予想外の反応で丸見えになっていました。マットの父は携帯基地局のセールスマンの訪問がきっかけとなりました。エリザベスとジュリーは、真正の需要を自身の手で見抜きました。それは多分に、その需要が彼女たち自身の需要でもあったからです。

ハミングバード社にとってそうであったように、真正の需要を理解するのはコンパスを発見するようなものです。ソウルサイクルにとって、最初のステップはビジネスモデルの変革でした。一般的なフランチャイズでのフィットネスセンターのビジネスモデルでは、コストセンターとして扱うことでプロダクトを台無しにしているのを、ジュリーとエリザベスは見抜いたのです。年会費制をやめてクラスごとの料金にすることで、彼女たちは口先だけのビジネスから、それなしではいられない人々でクラスが満員になるように変えてしまったのです。

次に、彼女たちが認識した真正の需要に見合うように、ジュリーとエリザベスは、そこにいようと自ら望む従業員、顧客がそこにいたいと思えるよう、自ら働きかけて支援する従業員を雇おうとしました。これはお金がかかることです。彼女たちはインストラクターに十分な支払いをすることに決め、彼らにヘルスケアや休日その他の福利厚生を提供しました。すると、インストラクターは必然的に自身のクラスにオーナーシップを持つようになりました。彼らは自身で音楽のプレイリストを作り、自分のレッスンでの掛け声を練習し、顧客を知り、常連客に見合うようにスピンバイクのシークエンスを作りました。彼らはクラスのたびにフレッシュなエネルギーとともに現れました。ジュリーとエリザベスは自らインストラクターを担当しないようにしました。そうすることでビジネスに集中し、また、インストラクター間の競争が起こらないようにしたのです。彼女たちは競争を避けることにさらに力を入れ、インストラクターに、彼らの仕事は自身のクラスを満員にすることだけではなく、自分のクラス以外も満員にすることだ、と教えました。

次に、彼女たちは体験そのものに目を向けました。ほとんどのジムの玄関ロビーには堂々と机が置かれ、人々はそこに順番に並んで会員証が有効かのチェックを受けていました。ソウルサイクルはそこを、居心地が良く、明るいもてなしの場所に変えました。しかし、体験の核心はバイクにありました。

ソウルサイクルの顧客はもてなしの入口を抜けると暗いスタジオに入ります。それはまるで映画館に入るかのようです。温度、音楽、暗い照明があって、インストラクターも同じくバイクに乗っていて、バイク同士は近めに並べられている――これらは全て、参加者が深い体験をするために可能な限りのことをする、という意図が込められていました。

よりにもよって、ナイロビのでこぼこ道を走るバスの上で、マットはエリザベスに、何がソウルサイクルにそんな飛躍的な大成功をもたらしたのか、その秘訣を尋ねていました。彼女の答えは、人々が自分自身から脱却する必要がある、というものでした。人々にはたった5分でも、日々の生活から抜け出して、まさにその時のために生きる、といった時間が必要なのだと。それを経験し、そういう時間は得られるものなのだと知ると、彼らはいつでも戻ってくるのだと。

ソウルサイクルは創形的イノベーションの典型です。どうして人々はエクササイズするのでしょうか？　当時のフィットネス市場ではびこっていた幻想は、体型を維持し、ルックスを良くするために人々はエクササイズするのだ、というものでした。その答えはあまりに理にかなっていて、誰も問い直そうとは思いませんでした。そこで作られた感覚は、さらに会員権の売上の季節性などといった、後々発見されたエビデンスによって更に裏付けられていきました。

しかし、その幻想を見透かし、改めて問い直すことで、ジュリーとエリザベスは状況を再構築することができたのです。彼女たちは、人々は時折エクササイズを楽しんでいる、という、厄介で、ほとんど見過ごされていた事実に気づきました。人々は時折、体験そのものから何かを得ていたのです。そんな枝葉末節の、無視されてきた事実をビジネスの中核に据えることで、彼女らは状況を再構築し、フィットネスブティックがどうあるべきか、というコンセプトの外形を描いてみせました。ジム・バルコムが魚群探知機に対する自身の考えを再構築してハミングバードのビジネスを形成し直したやり方と同様に、ジュリーとエリザベスは脳内にある市場の姿を再構築することで全く新しいビジネスを作り上げました。ソウルサイクル以前は、ジュリー・ライスは人材エージェントで、エリザベス・カットラーは不動産のブローカーでした。彼女らがフィットネス事業に参入する唯一の特権は、彼女ら自身の時間、洞察、創造性、スキル、ネットワーク、そして努力でした。

ソウルサイクルが起業したとき、フィットネスブティックは小さなものがいくつかあるだけで、ほとんどはヨガのスタジオか、人気のインストラクターによって建設されたプライベートのジムでした。

ソウルサイクルがフィットネスブティックの事業を始め、会社がEquinoxに売却される頃には14の都市に60のスタジオを構えるまでになりました。

現在、ジュリーとエリザベスは新たな冒険の旅に出ています。

創形的イノベーションへの挑戦

映画『ゴースト／ニューヨークの幻』でのパトリック・スウェイジを憶えていますか？　貧しい男が殺害され、彼の妻が危機に晒されるのですが、彼は幽霊なので何もできません。彼は必死です。自分の声を聞かせるのに、何かを起こそうとするのに、酷い過ちを正すのに、恐ろしい危険から妻を救うのに、必死でした。しかし誰も彼を見ることもできなければ、声を聞くこともできません。創形的なイノベーターになろうとする時の感覚はまさにこのようなものです。しかし、実際に他の人々、つまり投資家や顧客が求めるものを成し遂げようとすると、ポジティブな感覚はどこかに消えていってしまいます。

新しい形を作るときの最大の問題は、幽霊の世界で行き詰まってしまうことです。あなたや、あなたのイノベーションは世界にもたらされません。あなたが賢明でエネルギッシュで勤勉であったとしても、それが歓迎されるかどうかはそれとは関係ない、という厳しい現実があります。それは他の人々が決めることなのです。あなたはそこに入れてもらわないといけません。あなたのビジネスは、あなたがやっていることに人々が群がってくる、というファンタジーから始まります。それは一目惚れか、最悪でも、あなたのイノベーションが顧客の生活をいかに改善するかを人々に教え込めばいい、という思い込みです。第1章に登場したスプリングボットのジョー・レガーのように、ロゴを作る、重要人物たちに会う、ソフトウェアをデバッグする、財務報告書を作成する、など、我々はべらぼうに大きなToDoリストを抱えています。しかしその後、幽霊のような現実が始まるのです。人々は既に自身の生活をうまくやっています。顧客は既に別の何かを買っているし、共同開発者はもう他の人と共同開発しているし、投資家はどこかに投資しています。あなたのイノベーションは圧倒的な無関心に迎えられるのです。極端から極端に振り切れるのは普通のことです。つまり需要を至るところに見出していたところから、どこにも見いだせなくなるのです。この「ぶれ」は心理的にとても辛いことです。多数のイノベーターはそこまでに至りません。時間やお金やエネルギーが尽きるまでただToDoリストにアイテムを追加し続け、最後に自身のイノベーションを棄て、言い訳（大抵は市場のタイミングがどうこうといったようなもの）を言い始めます。

その「ぶれ」は進歩なのですが、進歩だと感じられません。この「ぶれ」とは、あなたの中のパトリック・スウェイジに向かい合うというだけなのです。ですが、安心してください。市場には確かに、隠れてはいますが、無関心ではいられない何か（**非無関心**[5]）が存在します。変形的とも充形的とも違いを作れる創形的イノベーションがターゲットにするのは、根本的には、その状況の中に常に存在する非無関心だが、まだ気づかれていないものです。あるいは気づかれてはいるものの、そこにたどり着く道が存在し得ないと思われているため見過ごされているものです。

気づかれていないことや見過ごされていることの結果として、人々はそこに注意を払っていません。そしてそれこそが、非無関心が隠される仕組みです。人々はそこに無関心だとカモフラージュされているのです。全てをまとめると、創形的イノベーションのゴールは、何か変わろうとするものに無関心でいられない状況にある人々の市場を見つけることです。しかしそれが何であるかは通常隠されていて、彼らが今取り組んでいる問題とは別物です。だからあなたが取り組むべきは、実際に無関心であることと、無関心であるかのようにカモフラージュされているが非無関心なことを見分けることです。そうすることで、非無関心がどこから来て、どのように隠されているのかを明らかにしなければなりません。

ここまで私達が見てきた例では、〝not not〟（「～しないではいられない」）が導くものを追い求めることが成功への鍵になっていました。ハミングバードの顧客である趣味の釣り人は、彼らの楽しみを脅かすものに何も対処しないではいられませんでした。そして〝not not〟が導くものを追い求めることで、新たなプロダクトのデザインや流通チャネル、そして新たな企業文化へとつながったのです。ハードディスクを買おうとする消費者は、信頼性の高いストレージやデータアクセスを脅かすものに対処しないではいられませんでした。これが何を導くかはＩＢＭのライバルには明らかでしたが、漸近的な充形的イノベーションに目を向けていたＩＢＭには見えていませんでした。ＩＢＭのWebSphere関連のバリューチェーンは、それぞれ個別の〝not not〟を持つ異なる種別の人々から構成されていて、それらの異なる〝not not〟を連携させることが成功へと繋がりました。そこには、正当な理由で漸近的な変化に取り組んでいる同じ社内のプレイヤーとのタフな闘いもありました。

これらの例全てにおいて印象的なのは（1）〝not not〟は隠されていて、そして（2）それを明らかにできたのはたまたまだった、という2点です。趣味の釣り人自身がなんとしてもエンターテイメント機器を欲しがった、というわけではありません。彼らが我慢をしていたとしたら、静かに我慢していたのです。ハードディスクの消費者は高い信頼性を要求していたわけではありませんでした。IBMのWebSphereの顧客は別にオープンソースのサーバーを欲していたわけではありませんでした。ジムに通っていた人たちがスピンバイクのクラスの質の低さに感じていたいかなる不満も表に出てきてはいませんでした。

ときに、専門家が見いだせない〝not not〟を顧客や外部の人間が見いだせることがあります。しかし外部の視点を求めていくのは信頼に足るアプローチではありません。外部の人間はビジネスを十分に理解しているわけではないし、だから彼らのアイデアはうまくいかないでしょう。仮にいいアイデアを持っていたとしても、ビジネスリーダーがそれを聞き入れることはまれです。ダニーのようなビジネスリーダーは試行錯誤の末に〝not not〟を自身で見出すこともあります。しかしどちらの場合においても、リーダーはイノベーションをやり遂げる地位と人格を持たなければなりません。たとえ、社内で他の者がそのような機会をありがたがらず、自分たちのやりたいことに固執したとしても。

もし何かが（1）必要不可欠で（2）見えないものであり、かつ（3）複数のアクシデントが連続しないと発生しないものだったとすると、それはそう頻繁には起こらないはずです。これが、イノベーションの膨大な失敗率の主な要因です。メリックとマットによる、この方程式を変化させてイノベーションをもっと戦略的に起こせるようにする、という探求の旅が、彼らがダンバラという会社を起業した時に始まったのです。

第7章　イノベーションを戦略的に起こせるものへ――ダンバラにまつわるミステリー

マットとメリックが最初に共同でビジネスを始めたのは、ダンバラという名のインターネットセキュリティ企業でした。しかし、全く予想していなかった障害にぶち当たりました。そこで何が起こったのかを理解しようと学び、誤解を解こうとしない人々に耳を傾けた結果、戦略的イノベーション（Deliberate Innovation）への道を歩むことになったのです。

メリックはスタートアップに興味を示すようになる前は数学者であり、かつ計算機科学者でもありました。カーネギーメロン大学では計算機科学の大学院プログラムで学部長を務め、その後ジョージア工科大学の計算機科学部で学部長を務めたあと、カリフォルニア大学バークレー校の国際計算機科学研究所に所属を移しました。そうしたアカデミアでの活動の合間に複数の企業を創立しました。特筆すべきはEssential Surfing Gearで、ウェブブラウジングのためのアプリケーションを提供した最初の企業でした。

メリックがハワード・シュミットに出会ったのは、ハワードがジョージア工科大学の経営会議に参加したときでした。ハワードはeBayの最高情報セキュリティ責任者（ＣＩＳＯ）でした。バイクに乗るおじいちゃんで、サイバーセキュリティの取りまとめ役を行う大統領府の行政官としてホワイトハウスにも勤めていました。そこではサイバーセキュリティという言葉が生まれる前から、それに関する最も優れた専門家として知られていました。政府と複数の大企業に籍を置いたあと、eBayという、2005年に急成長したシリコンバレーのスタートアップに移りました。

メリックはハワードに、同僚がジョージア工科大学でインターネット上の新たな脅威に対抗する手段を研究している、と興奮気味に語りました。それはインターネットでビジネスを行うあらゆる人達にとって脅威となりうるもので、ジョージア工科大の研究グループはそれを「ボットアーミー」と名付けていましたが、最終的に「ボットネット」という名称で知られるようになりました。ジョージア工科大学のチームが予見してみせたのは、ボットネットが究極的には、犯罪的な企業や犯罪国家による膨大な量のインターネット上の不正行為やオンラインでの被害の原因となる、ということでした。

この時点までで、コンピュータウィルスはコンピュータの性能を落としたり、卑猥なメッセージをポップアップさせたりシステムをクラッシュさせたり、といった迷惑行為とみなされることがほとんどで、犯罪のプロによる脅威とはまだみなされてはいませんでした。つまりウィルスは、ほとんどが「スクリプト好きのキッズ」によって作られ、タチの悪い悪戯としてばら撒かれる類の、ただイライラするだけのものでしかなかったのです。これとは対照的に、ボットネットはマルウェア――悪意のある、できる限り多くのコンピュータにばらまかれ、可能な限り存在がわからないよう隠蔽されるように設計されたコードで構成されていました。ボットネットは大量のコンピュータを、所有者が知らないうちに乗っ取ろうとするものでした。そして乗っ取られたコンピュータは、そのボットが動作させるマルウェアによって、遠隔地にいる犯罪者や国家主体による「ボットマスター」の言いなりとなり、次々に問題を起こすようになっていました。それはもはやキッズではなく、金銭あるいは政治のために動くプロのギャングによる犯行でした。

ハワードは当然、その脅威を早くから理解していました。そしてメリックの技術的パートナーが取り組んでいる解決策を、eBayの商業的な利益に応用できると考えたのです。彼はメリックに、サンノゼに来てプレゼンしてほしいと頼みました。

そのプレゼンは華々しい成功を収めたように思われました。ハワードと彼のチームは、ボットネットが既にeBayやその顧客からひたすら金をむしり取っていることに気づいていました。既に世界中のコンピュータが人になりすまし、不正行為を行う出品者をでっちあげたり、偽のレビューを投稿して買い手を信頼させたりしていました。ハワードはそれを「信頼詐欺」と呼んでいました。ボットネットはまたクリックの偽装によって広告収入モデルを破壊してもいました。少なくともそれらと同じくらい心配なのは、eBay社内のコンピュータに侵入していて、何かわからないことをしていることでした。

それはそこかしこのコンピュータに潜んでいて、その時点で全世界にあるコンピュータの17%に侵入していると見積もられていました。ジョージア工科大学のチームが持つ技術は、GMRのブレークスルーやそれまでに存在した多くのテクノロジーと同様、巨大で約束された市場における革命的なソリューションになると思われました。

ハワードと不正対策チームは、メリックの目の前で少し計算をしたあと「もしこれらの信頼詐欺を止められたら、eBayは年間4000万ドルを損失を防ぐことができます。いくらで売ってくれますか?」と言いました。メリックにはそのとき料金プランどころか実際のプロダクト自体まだなかったのですが、その場でそれっぽい数字をでっち上げ、「まずは年間15万ドルくらいから」と、経験ある起業家なら誰しもやるような返答をしました。ハワードは飛び上がって喜び、そして「どれくらい早く納めてもらえますか?」と尋ねました。

ジョージア工科大チームと投資家は、その技術によってeBayが年間4000万ドルの損失を防げる、納期はいつ頃か、とハワードが口にするのを聞いた時、そこに確実に需要があると判断しました。eBayはようやく助けが来たと思っている顧客だ、とチームには聞こえたのです。

その有望な技術に対してその手の興奮したリアクションをした潜在顧客はハワードだけではありませんでした。ジョージア工科大のチームは同様の声を数十もの有望な企業から聞いていました。彼らは直後から、大手セキュリティ企業に初歩的なデータフィードを年間10万ドルで売りはじめました。eBayは最初の大口顧客になりたいと明らかな興味を示していて、その他の潜在顧客も契約を締結するなり関心を示すなりしている状況で、私達（メリックとマット）はまさか自分たちが行き詰まってるとは思っていませんでした。私達はマーケティングとセールスで、つまり第1章で語った4つのカテゴリーのうち1つにおいて明らかに幸先の良いスタートを切っていました。他に対処すべきと私達が考えるのはテクノロジーとチーム、そして財務です。テクノロジーの面では、私達はジョージア工科大学から知財権を確保すべく動いていて、確保された知財を実用的なプロダクトに落とし込もうとしていました。チームの面では、メリックが最初のCEOになることを決意し、会社を前に進めるために他の人材を探し始めました。彼らはスライド資料をまとめて投資家に説明して回り、５００万ドルの（その時点では注目に値する）評価額と共に手早く２５０万ドルを調達しました。参加した２つのＶＣファンドがチームメンバーを集めるのに協力してくれました。

６ヶ月後、ダンバラはeBayにプロダクトを提供する準備ができました。私達は多かれ少なかれ、「次は誰と話すべきか、みんなどこでサインするのか」といったことばかり考えていました。チームは、自分たちがやるべきと思うことは終わって、eBayと最後まで進める準備はできていました。しかし奇妙なことに、実際のプロダクトに対して多くの関心が寄せられたとは思えませんでした。ハワードはプロジェクトを委任してしまいました。そこにあった会話は、今までになかったような儀礼的なものでした。ダンバラは何とかやっていける状態ではありましたが、信頼詐欺やクリック詐欺のソリューションを売り上げることは、eBayに対しても、他のどの企業に対してもできませんでした。

私達が今後あるべき未来を想像する上で、真剣な企業のＣＩＳＯ達が、不正行為に伴う４０００万ドルの（あるいはそれ以上に膨らむ）損失を防げるはずのソリューションを一顧だにしないなんて全く想定していませんでした。私達は、企業は売上を増やしてコストを下げることで利益を上げるビジネスをしている、と考えていました。それを約束するテクノロジーはそこにあって、購入する担当者はそれを重要な解決策と考えるはずでした。私達は皆同じように考えていたし、潜在顧客もだいたい同じようなことを言っていました。

ダンバラにいた全員が、需要を構成する全ての要素は揃っていると信じていました。そのプロダクトは顧客の高額の損失を防ぐだろうと思っていました。それは顧客が望むとおりに機能しましたし、強いチームと、事業運営をするに十分な資本もありました。最も大事なのは、私達は皆、頭の中の思考が凝り固まっていたことでした。つまり、企業は自分たちのコンピュータがウィルスに感染することが耐えられないはずだ、と思い込んでいたのです。ボットは企業のコンピュータにこっそりと隠れ、あらゆる類のリスクをもたらしていました。クリック詐欺、信頼詐欺、パスワードの盗難、電子メールの盗聴、企業内データや顧客情報の流出、などなど、私達はそれらの発生を再現してみせたし、ハワードのような人達から実例を聞いてもいました。自分たちがまさか行き詰まってるとは感じていませんでした。売上が予想を下回っていても、問題を見抜いて解決していける、と常に感じていました。もしかすると、私達のソフトウェアはプロセス時間を増加させたかもしれません。私達のプロダクトのようなサードパーティのソフトウェアを企業のファイアウォール内に置くことは、彼らにとってあまりにリスクが高かったのかもしれません。それをファイアウォールの外側に設置するのは脆弱性を増すように感じられたのかもしれません。ボットが起こすはずの不具合の事例は、彼らの心に特に刺さるものではなく、マーケティングをやりなおす必要があったのかもしれません。

私達は行動力のあるCEOを選出し、メリックは自ら取締役に退きました。eBayが購入せず、そして他社への売上不振も続いて何年も経ってから、社内の、そして経営会議での会話は全てこの問題が中心となりました。会社が行った、経営陣の刷新、プロダクトの改善、更なる資金調達、といったあらゆる試みが、プロダクト、チーム、マーケティングとセールス、そして財務に問題がないことを示そうとするものでした。それらの全ての面において改革を続け、最終的にベンチャーキャピタルから6900万ドルを調達し、更にCEOとマーケティング担当役員の交代へと続きました。しかし、そうしたあらゆる活動にも関わらず、ダンバラは行き詰まってしまいました。

何が欠けていたのでしょうか？

経営陣と取締役会は会社を軌道に乗せるために動き、従来考えられる全ての問題に対処しました。彼らはそこに需要があると明確に確信していましたし、その信念に基づいて行動していました。彼らは、顧客がボットに感染していて、それを解決するモノを購入すると考えていました。顧客は自分たちが感染することを許容できず、だから購入しないわけにはいかないだろう、と考えていたのです。社内にその考えは、会社のすべての計画や戦術の根底にあり続け、ブレることはありませんでした。社内には、その信念を基本としつつも、多少の見解の違いがありました。ある人々は金銭こそが関心事だと考えていました。つまり顧客が自分たちのプロダクトを購入するのは、感染することで金銭的コストが発生するから、と考えていました。別の人々は、顧客自身の顧客が逃げてしまったり、ボットに追い払われてしまったりすることを恐れるから、と考えていました。さらに別の人々はリスクにこそ関心があると考えていました。つまり、プロダクトを購入するのは、そうしなければ不正行為の対象になりやすくなってしまうから、と思っていました。

後から考えれば、それらはいずれも顧客の需要を理解するのに有効なものではありませんでした。本来考えるべきだった疑問は「なぜeBayが顧客になるだろうという印象を持ってしまったのか？」でした。何を根拠に私達は、自分たちが望ましいと考えるバリュープロポジションが実際に売上に結びつくと信じてしまったのでしょうか？

私達は、金銭コストの削減が確かな真正の需要だと想定しました。それを望まない人などいるわけがない、と信じて疑わなかったのです。その原則への信頼が揺らいでも、企業がコスト削減のためにしていることを思い出せば、改めて信じることができました。そこに単純な確証バイアスがあることを、私達は認識していませんでした。事実、どんな人に対しても、どんな職務にあっても、コスト削減に自分たちができることは何かと尋ねたら、ここぞとばかりに色々な案を聞くことができるでしょう。しかしいずれも、コスト削減になりうるが、実際には実行されないようなものばかりのはずです。これと同じ現象は、人々がよくバリュープロポジションと呼ぶものを考えるとき、だいたいどのように考えても起こります。メリックは、顧客を顧客たらしめる何か別の考え方が必要なのだ、ということを理解し始めました。

並々ならぬ努力によって、ダンバラは結局年間売上1200万ドルまで成長しました。後から考えれば、ダンバラは真正の需要を見出していたと言えるでしょう。しかし私達はそれが正確にどのようなものかを明らかにしようとしていなかったので、それが発生する状況や、どれくらいの頻度で発生するものなのかを全く理解しておらず、なので得られる市場規模について楽天的に考えすぎてしまいました。それによって、企業財政が持続不能な状態に陥ってしまいました。会社が売却されたとき、最後に残った投資家以外はすべて損失を被りました。

ダンバラは私達にとって重要な節目となりました。この経験を振り返るうち、需要に関する、それをどう考えるべきか、どのように発見すればいいのか、といった疑問が私達の中に湧いてきました。私達はその疑問についてまだ手探りの状態でした。しかし、私達がこの件について話した人達が、その疑問を理解することすら非常に苦労していることに気づいたとき、私達に転機が訪れたのです。

第8章　白昼夢との闘い

ハワードがダンバラからの購入意欲を失っていたことに、私達は驚きました。その後も、私達は顧客の課題を一つずつ解決していっていたはずなのに、売上につながらなかったことに困惑しました。顧客が明確に課題を提示し、私達が客観的にそれを解決して見せたときですら、結果は同じでした。ダンバラが赤字で売却された後もその謎は私達の心の中に残り続けました。その後、メリックは自身の起業家向けのクラスで、生徒にバリュープロポジションを説明しようと格闘していました。結局のところ、ダンバラのバリュープロポジションに何も問題はなかったように思えていました。eBayにも、私達自身にも、投資家にも、そして他の潜在顧客にも説得力のあるものだったはずでした。メリックとマットは投資家仲間やスタートアップの創業者、様々なビジネスアイデアを持つ人々と頻繁に会話していました。それはまるで既視感を覚えるようでした。全てのバリュープロポジションは完璧で明白なものに思えました。全員が熱心に私達を納得させようとし、あるいは自分たちのバリュープロポジションが正しいか確証を得ようとしていました。私達は、まるで自分たちが白昼夢の中に生きているかのように感じ始めました。全員が、自分たちが何を話しているか知っていて、互いに同意しているかのように、重要なことを語り合っていました。彼らは同意しあっていないときですら、同じ考え方、同じ前提を共有していました。ある者が「このプロダクトで経費が節約できるから、彼らはそれを購入するだろう」と言い、それに対して「それはすぐ壊れる」「魅力的じゃない」「重すぎる」といった理由で顧客は買わないだろう、と批判が飛ぶ。そんな内輪の中で彼らは会話していました。

そのいずれも、ダンバラで我々が経験した現実とはかけ離れていました。その現実は常に私達の周りにあって、説得力のあるバリュープロポジションを持つと思われたスタートアップは蜃気楼と化し、結局顧客からは無関心しか得られないのでした。何を売るべきか、あるいは市場規模はどれほどかについて数多の議論や信念がありましたが、実際に何が売れるか、どれだけ売れるかとはほとんど相関がありませんでした。

ここで（マットが確信した）メリックが起こしたブレークスルーは、彼のスタートアップでの経験からではなく、数学者としての知見から生まれてきました。メリックは全てのバリュープロポジションが本質的に同じである、つまり、同じ「型」の要素である、と考え始めました。バリュープロポジションに共通するのは肯定の構造でした。つまり全てのバリュープロポジションは「特定のグループの人々は何かしらの性質を持つので、その性質に関連するプロダクトやサービスの特定の性質によって、その人々は何かをするだろう」といった表明をするものでした。バリュープロポジションのこの構造が現実世界と結びついていないように思われたのです。現実世界では、人々は行動の主体であって、性質の集まりではありません。そして、彼らがやりとりする対象（プロダクトやサービスを含む）は、それがどのように人々の在り方に関わるのか、という観点でのみ意味を持つのです。結局のところ、顧客が特定の性質を持つから買ってくれる、という判断はできないのです。「お金に細かい」といった性質を持つ顧客だから「とても安い」プロダクトを買うだろう、とはなりません。この手のロジックは機能しません。少なくとも、一貫性を持たせることはできません。

メリックが気づいたのは、バリュープロポジションをひっくり返す、というちょっとした思考の転換でした。顧客が実際にどう行動するかに肯定的な表明が結びつかないのなら、否定的にしてはどうか？　人々が何をするかを予測できないのであれば、人々が何をしないことはないか、を予測できないか？

メリックは起業家・計算機科学者・数学者である前に、手品師でした。高校生の時、彼は子供たちの誕生日パーティでマジックショーを開いては小銭を稼いでいました。だから、彼はトランプのトリックに思い至ったのです。

舞台の上に手品師がいたとしましょう。その手品師は、観客から一人の男を指して、その目を見ながら「さて、あなたの名前は？」と話します。男は「ジムだ」と答えます。手品師は「ジム、今日は来てくれてありがとう。立っていただけますか？」と言って、ジムをその場に立たせます。「皆さん、ジムに盛大な拍手を！」と手品師が言い、拍手がひとしきり鳴ったところで「ジム、舞台の上に来て、トランプを1枚引いてくれますか？」と言いつつ、手品師は数枚のトランプを手に広げます。ジムは律儀に舞台へと駆け寄り、1枚を引きます。

このシナリオは大したものには見えませんが、プロの手品師からすれば生きるか死ぬかの瀬戸際にあるものです。どのショーでも一貫して同じように実行できなければ、まったくその場に馴染めない人、つまり人々の注目の的になるのが嫌な人を観客の前に立たせてトランプを引かせるような真似をしてしまい、結果、手品師は職を失ってしまうでしょう。手品師はそれを実行するにあたり、ジムに何の価値も提供していません。つまり、そこにバリュープロポジションは存在しません。その代わり、特定の手順をあらかじめ考えておくのです。その個々のステップで、観客一人一人、あるいは会場全体を新しい状況に持ち込むのです。ジムはきっと、こんな風に感じたでしょう。「手品師は俺の目を見て名前を尋ね、そしてその名を呼んだ。立ってほしいと言ってきて、みんなが俺に注目した。だから俺は立った。そしたら『簡単ですから、舞台に来てトランプを引いてください』と言うので、俺は行ってトランプを引いた」と。

ジムはそうしたことを自分ではっきり認識できません。彼は人々がやるように、個々の新しい状況にただ合わせていただけだったからです。しかし、手品師の側はショーが開催されるたびに観客がそう行動してくれることを見込んでいて、誰かが常に舞台に来てトランプを引くのです。実績のあるプロの手品師は、この点で、実績のある企業が顧客が買ってくれると常に見込んでいるのと同じです。これができるようになるためには、個々の状況がどうなっているかの仕組みを理解する必要があります。恐らく手品師が最初にジムの名前を聞きださなければ、ジムは立ち上がらないだろうし、さもなくば名前を聞き出すステップ自体がまったく不要なはずです。ジムが立ち上がらなければ、彼は舞台に来ることをためらうでしょう。拍手には意味があるかもしれないし、そうでないかもしれません。手品師は個々の状況を理解し、それぞれの状況でジムのような人々が何を行いうるか見極め、洗練させて彼がトランプを引かなくなる可能性を排除しなければなりません。

イノベーションに関してこうした手順を考え出すのは、「(たとえば、彼らに楽しいよと伝えるとか賞をあげるとかして)彼らを舞台に来させてトランプを引かせる」といったバリュープロポジションを考えるのとは大きく異なっています。それは成功することを前提に、手順を肯定的に説明するロジックです。しかし実際に成功させる前段階としての、その手順を構築するための道筋もなければ、うまくいく手順とそうでない手順を見分ける方法もありません。

バリュープロポジションはイノベーションには機能せず、他の何かが必要かもしれない、という重要な気づきをメリックとマットは得たように思えました。しかし彼らからそれを聞いた人々は、うなづきつつも、作り話をし続けました。この時点でメリックはダンバラの経営に関わっていましたが、経営はつまづいており、どうすればうまく行くか、誰もが作り話をし続けていました。メリックはやめるように彼らに言ったのですが、それはまるで声の届かない夢のようでした。肯定的なバリュープロポジションのモデル、「Xだから顧客はYをするようになる」あるいはその帰結としての「私達はXをしないので顧客はYをしない(買わない)」といった考え方に、あらゆる人々は既に虜にされているようでした。人々はその考え方に満足していて、メリックの疑問や抵抗は理解されませんでした。まさしくそんな頃、私達(メリックとマット)はダンバラ、その他私達が経験した数々の企業で何が良くなかったのかを理解しようとしていて、私達は自問自答し始めたのです。これは一体どういうことなのか？この白昼夢は一体何なのか？

一連の問いによって研究が始まり、そして、まさにこうした問題に取り組んでいる行動経済学者や意思決定理論の研究者との対話から共同研究をするに至りました。皮肉なことに、意思決定理論のパイオニア[1]はカーネギーメロン大学に在籍しており、初期の実験は、メリックが若き教授だった頃にいたビルの一つ隣で行われていました。その頃メリックは彼らことを全く気にかけていませんでしたが、しかし今、数学者としての洞察のおかげで彼らのアプローチの価値に気づけたのです。

フラッシュポイントでのグループとの更なる1年にわたる研究の末、私達は一連の認知的錯覚やバイアスを警戒するようになりました。それらこそが白昼夢の正体だと私達は考えるようになりました。それは個々人の欠陥や短所などではなく、人間の精神に組み込まれたものなのです。それは私達の環世界なのです。

環世界

1909年、動物学者のヤーコブ・フォン・ユクスキュルはドイツ語で環境を意味する言葉umweltに独自の意味を与えました。現代の生物学においてumweltは日本語では「環世界」と呼ばれ、単に動物個体の周囲を取り巻く状況や環境を意味するのではなく、周囲にあるうちの動物が知覚し体験しうる一部を指します。人間にとって、犬が嗅ぐことのできる匂いの多くを嗅ぐことはできず、なのでそれは人間の環世界にはなりません。犬にとって、その2色しか知覚できない眼では赤を独立した色だと知覚できず、なのでそれは犬の環世界にはなりません。犬が知覚できる匂いの微粒子、そして人間の視神経を刺激する波長は、ともに双方の周囲に存在します。しかし私達の感覚は現実に存在するもののほんの一部しか捉えることができないのです。

人々にとって環世界は単なる知覚の問題ではありません。それは概念の問題でもあるのです。人々が知覚し理解できるものは物理的な感覚だけでなく、社会的な感覚にも依存しています。私達は外国語を話す人々の声を聴くことはできますが、その人々が何を言っているか理解できません。あなたが理髪店に入ると、理容師はあなたの髪に気が付くでしょうが、恐らくあなたの靴は見えません。靴屋に入ると、店員はあなたの髪を見ないかもしれませんが、あなたの靴には気が付くでしょう。私達は常に周囲の世界を理解し続けていますが、それは私達の感覚入力だけではなく、私達の文化や知識、そして状況に基づいています。私達はそれらを何の苦労もなく、ほぼ即座に結びつけ、周囲で何が起こっているのかを理解します。あなたが公園のベンチを横切ると、女性がバナナに対し、それがさも電話であるかのように話しかけていると気づいたとします。その場面をあなたはいったいどう解釈するでしょうか? 少し歩み寄ってみると、彼女の横に幼児がいて、同じくバナナに話しかけていると気づいたとします。その状況を理解しようとしていたあなたの感覚は急変するでしょう。

私達が物事を理解するとき、必然的に私達は他の可能性を排除しています。人間はセンスメイキング(意味形成)なしでは機能しませんが、環境から要素を排除することは危険でもあります。犬は嗅ぐことができて人間にはできない物質が有毒であるかもしれません。人種に優劣があるのを自然の摂理であるかのように扱う文化は、あらゆる反証を目の前にしても、なお存在し続けています。私達一人一人にとって、環世界はまるで白昼夢のようなものです。私達が住んでいると想像している世界と現実の世界を隔てているバイアスや認知的錯覚を見抜くことは、ただ良い訓練になる、どころでありません。そこには莫大なイノベーションの機会が存在するのです。しかしそれを行うのは容易ではありません。私達は自分が物事の存在に気づいてないと気づかないからです。

スー・サイモンが発言するまで、ハミングバードの人々は、娯楽が少なくとも釣りと同等以上に顧客にとって重要だということに全く気付きませんでした。それは、自分たちの顧客を「趣味の釣り人」だと表現していることからも明らかだったのですが、彼らはそれを見落としていたのです。「魚群探知機にどんな機能があると良さそうですか?」などとわざわざ顧客に何が欲しいか尋ねている間ですら、彼らはただバイアスと錯覚で歪んだ認識を探し求め、歪んだ認識を事実だと確証していました。同じことは、ＩＢＭがＧＭＲのハードディスクをローンチしたときにも起こりました。その新技術の発明者たち、そして彼らを取り巻くマーケターたちは、顧客がより大きな面密度のディスクを欲していると確信していたし、何より顧客自身がそのように間違いなく言っていました。真正の需要は、パターソンがディスクをサーバーから引き抜いて見せ、真正の需要が信頼性にあると明らかにするまで彼らからは見えていませんでした。そしてそれが明らかになった時ですら、ＥＭＣはその声を聴き入れたのに、ＩＢＭはそうしませんでした。WebSphereをめぐるＩＢＭ社内の対立が起こっている間、ダニーの計画に反対する人々はＪａｖａの存在に気づいていないわけではありませんでした。彼らはただ、それを顧客が求める追加機能の一つにすぎないし、技術的にはいつでも実現できるものだ、と思っていました。だから彼らは気づいていながら、気づいてはいなかったのです。

私達の環世界の限界やバイアスや私達の精神の誤った指示を超えて理解することは、現実の〝not not〟や、それに伴う真正の需要をより正確に理解するために重要な行動です。気づかないものに我々は気づけません。しかし、人々が一般的にどう物事を歪曲するかを知っていると、自分自身や他人の盲点に気づくための対策を講じることができます。

次のセクションでは以下の、イノベーションの障害になる最大の問題4つに焦点を当てます。

・知識の呪い
・特徴の誘惑
・基本的帰属の誤り
・確証バイアス

知識の呪い

私達の脳は、結論を急ぐ速さに関してはオリンピック選手並みです。脳にほんのわずかな情報を与えただけでさも立派な見解を返してきます。信じられませんか？　以下の質問に、素早く、あなたの頭で考えて答えてみてください。

エリザベスは聡明で意思が強い。彼女は良いリーダーになれるか？

「はい」や「恐らく」といった答えが頭の中に浮かんできましたか？　ではもう一度、以下の質問に挑戦してください。

エリザベスは聡明で意思が強く、堕落していて残忍だ。彼女は良いリーダーになれるか？

ほとんどの人がそうであるように、恐らくあなたは一つめの質問に対して回答を考えるのを一旦やめる、ということをしなかったはずです。エリザベスが良いリーダーになれるかどうか判断するために知るべきことは何か？　などとあなたは自問自答しなかったはずです。それどころか、2つめの質問を読んでこれがトリックだとわかったとき、恐らくあなたは結論に到達したはずです。「答えは絶対にノーだ。彼女は暴君になる」あるいは「それでもイエスだ。良いリーダーが好人物である必要はない」――多分、そんな風に。どちらの場合であっても、意思決定の前に思考を止め、エリザベスと彼女のリーダーシップがどんなものであるか、どんな情報があればその判断をするに十分な土台を築けるか、今もなお、あなたは探そうとしていなかったでしょう。

私達は手早く思考しようとすると、ほとんどの場合連想によって思考をします。「聡明」や「意志が強い」といった言葉から連想をしていたのです。連想を呼び起こし、それに基づいて意思決定をするのがよくある手順です。結果として、リーダーシップに関する重要な質問に2つの言葉だけから回答し、それが完璧な解答だと感じてしまいます。エリザベスに関して真だったことは一般的に真なことです。私達は覚醒している間、不適切で、しかしどうしてか完璧に適切だと感じる情報に基づく意見、志向、見解にまみれてしまいます。これは知識の呪いと呼ばれています。私達はどんな知識であろうと十分だと思い込む呪いにかかっているのです。[2]

知識の呪いは、ほとんどの場合過剰な自信によって、"not not"を明らかにしようとする試みをぐちゃぐちゃにしてしまいます。イノベーターはきちんと知る前に意見を形成してしまい、それに疑問を抱くということを絶対しません。顧客と対話するとき彼らは自信過剰になっていて、正しい質問をしているし、潜在顧客と正しくコミュニケーションを取れているし、顧客の回答を正確に理解している、と考えてしまいます。ジム・バルコムはなぜ人々が魚群探知機を購入するのか知っていましたし、エリザベス・カットラーの競合他社はなぜ人々がジムに通うのか知っていましたし、マットの父はショッピングモール内のスペースをどう貸し出せばいいか知っていました。創形的イノベーションは、

〝not not〟と非無関心を新たに発見するところから始まりますが、既に自分の中で説明がついている物事から新しいものを発見するにはどうすればいいのでしょうか？　しかも多くの場合、その説明づけは無意識のうちに行われているのです。

特徴の誘惑

マーケティングの世界には、特徴（フィーチャー）と便益（ベネフィット）に関する未だ結論の出ていない議論があります。特徴はプロダクトやサービスの機能や属性を指します。たとえばハンドルがあるかどうか、家の玄関まで運んでくれるかどうか、といったものです。便益はプロダクトやサービスから得られる価値を指します（少なくともマーケターの視点で、ですが）。たとえば、特徴がハンドルだとしたら、便益は持ちやすいことを指します。（特徴と便益の間の結びつきのことをしばしばアフォーダンスと呼びます。プロダクトは便益をアフォードする（もたらす）特徴を持つ、と言われます。）

イノベーションの世界では、何が顧客に便益をもたらすかは大きな問題ですが、そこからさらに、より大きな問題が導かれます。顧客がどう反応するかを予測するのに、便益の観点で考えるのはベストな方法なのでしょうか？（ネタバレすると、恐らくノーです。）ここで明らかなことは、実は、特徴と便益の観点で考えるという心理的な傾向があって、それが真正の需要を見出す際の障害になる、ということです。フラッシュポイントではこうした傾向を避けるため、あるミームを使ってそのことを思い出すようにしていました。私達はプロダクトのことを常々マッドパイ（泥のパイ）と呼んでいました。この言葉を使って、いつも次のような物語を思い出していました。

ハードワークをしている母親が、長く、ストレスの多い仕事の日々からようやく解放され、自宅へと戻ってきました。すると彼女の娘、彼女にとって人生史上最高にかわいい少女が、泥のパイを手に持ったまま庭から母親の下に駆けてきて言いました。「見て、ママのために作ったんだよ！ママにマッドパイを作ってあげたの！」と。母親の顔から笑みがこぼれました。「とっても綺麗！完璧、愛してる！これこそ私が欲しかったものだわ！」

その少女も母親も真正でした。少女は母親が何を欲しいか真剣に考え、愛をこめてマッドパイを作りました。母親はマッドパイを見て涙を流しました。しかしでは、少女は、近所にいる他の母親もマッドパイを欲していると考えるべきでしょうか？　母親が次の日も同じものを欲しがると考えるべきでしょうか？

プロダクトはマッドパイです。その特徴が果たす役割を形作り、そして明らかにするのは、状況です。特徴か便益か、を考えることは真正の需要に光を当てることにはなりません。ハンドルは実際プロダクトを持ちやすくするかもしれませんが、「持ちやすい」ことに関する未だ充たされていない真正の需要はそこにありません。

マッドパイの物語は他のことにも警鐘を鳴らします。少女と母親はマッドパイに対して真正に反応していました。二人はそれを本当に愛していました。この真正性は、真正の需要を探求するイノベーターへの警告です。顧客と対話する名目上の目標は需要を明らかにすることで、人々に質問したりプロダクトを見せたりすることで行われます。プロダクトに対する肯定的な返答や肯定的な反応は、市場がそれを求め必要としている、というイノベーターの仮説を検証する、と思われています。しかし、この物語から明らかなように、そうして得られる反応は、それが非常に説得力のある、感情のこもった反応だったとしても、需要の対象を明らかにはしません。

基本的帰属の誤り

基本的帰属の誤りは認知バイアスの中でも特によく研究されているものの一つです。私達は誰かの振る舞いを見ると、それを対象者のパーソナリティに帰属させようとしてしまうのです。車の運転中に誰かの車が前に割り込んでくると、「なんて嫌な奴だ」と考えてしまいます。でも自分が誰かの車の前に割り込むと、「あー、見えてなかったな」とか「ごめん、急いでるんだ」とか考えるかもしれません。私達は他人の振る舞いに対して、その人のパーソナリティのせいだとつい考えてしまいます。しかし、自分の振る舞いは状況のせいだと考えるのです。

ここからもある結論が得られます。誰かのパーソナリティが強く示唆されていると、そのパーソナリティからその人の特定の振る舞いを期待してしまうのです。1970年代の有名な実験（以降、様々なバリエーションのもとに何度も繰り返されているもの）から、こうした期待は頻繁に誤りをもたらすことがわかっています。

プリンストン大学における二人の心理学者、ジョン・M・ダーレーとC・ダニエル・バストンは、人々の振る舞いを予測するのにより重要なのは、人々に内在する性向、つまり何かしら心の中にあるものなのか、あるいは彼らが置かれている状況なのかを調査しました。[3] 対象となったのは牧師になるための勉強をしている神学校の学生でした。ダーレーとバストンは対象者に、これは神学教育に関する調査だと伝えました。対象者はあるビルの中で座席につき、パーソナリティの特性を調べるためのアンケートに回答した後、別のビルに移動するよう指示されました。伝えられた理由は様々で、緊急性も異なるものになっていました。ある集団は仕事について知るために別のビルに移動せよと言われました。二つめの集団は、善きサマリア人についての説教の練習の準備をするために移動してくれと言われました。うち何人かは、時間が押していて次のタスクに間に合わないから急げと告げられました。その一方で、別の何人かには、早く終わったので少し時間があるが、とにかくそちらに向かうようにと指示されました。

一方、心理学者たちは2つのビルの間の道ばたに倒れこむ俳優を配置しました。俳優は呻き、咳をするように指示されていました。この実験の真の目的は、被験者の誰が立ち止まり、その俳優を助けるかを見ることでした。結果は？　神学生が次のビルに移動する目的が、仕事のためだろうと善きサマリア人の説教について考えるためだろうと、立ち止まって倒れる人を助けた人の数に違いはありませんでした。牧師になるべく勉強している神学生はより人の手助けをする傾向にあるのでは、と想定されていましたが、アンケート調査の結果からは、パーソナリティと立ち止まるかどうかの間に相関は見られませんでした。

差が現れたのは緊急性でした。時間に余裕があると言われていた神学生は63％が立ち止まりました。急げと言われていた学生はたった10％だけが立ち止まりました。

慌てるのは生まれ持った気質ではありません。それは状況がもたらすのです。神学生であることは生まれ持ったものに思えますが、実際はそれも状況がもたらすものです。神学生の集団は人の手助けをしがちだという生来的な傾向があるのでしょうか？　もしそうなら、それは彼らの個性からもたらされる生まれ持った資質なのでしょうか？　それとも、神学生になることによってそうした言葉から連想する行動をするようになるのでしょうか？　ダーレー・バストンの実験が示すのは、少なくとも、神学生を焦らせる状況は、神学生に余裕を持たせる状況とは異なる行動をもたらす、ということです。

この結果から、人々がパーソナリティを持たないとはなりません。研究は、性格やパーソナリティ、気質といったものに対する私達の一般的な考えを否定してはいません。人々はあらゆる類の特性を持ち、それは時を超え、場合によっては人生を通じてその人に備わるものです。そして、互いに親しい間柄や長い付き合いのある間柄の人に対しては、新たな状況で相手がどういう行動をするかをより正確に予測します。とはいうものの、特定の行動からパーソナリティを推測する、あるいは（想像上でも現実のものでも）パーソナリティを元に行動を予測するのは、その人が置かれている状況に着目するより遥かに不正確です。[4]

イノベーターにとって、これらの研究すべてが示すのは、顧客のタイプに頼ろうとするのは問題があるということです。あなたの顧客が、若い母親だろうがX世代の住宅所有者だろうが医者だろうが、どういうタイプかと考えるのは、顧客がどういう状況にいるかを考えるより、行動の予測にはつながりません。医者であることについて考えをめぐらすより、具体的な医療の状況を詳細に把握するべきです。状況に注目する方が、彼らの行動を予測する手がかりを見つけやすいはずです。

確証バイアス

確証バイアスはあらゆるバイアスの中で最もよく知られ、最も研究されているものです。このフレーズは、人々が自分たちの視点に固執し、新たな視点で見直すことができないという数多の行動をカバーしています。知識の呪いとも関連がありますが、それ以外の行動も含まれています。イノベーターにとっては、検証し、視点を変えられることが最重要です。この能力がないと、あなたのイノベーションはきちんと検証されてない、たいていは誤った仮定に基づくことになります。確証バイアスが何を示すのかを知っておくことが、それを克服するための第一歩となります。

レイモンド・ニッカーソンの確証バイアスに関する古典的なレビュー論文は、この問題がどれほど蔓延していて深刻であるか、を明らかにするところから始まります。「人の推論について最も重大な問題が何かを特定しようとするなら、確証バイアスは間違いなくその候補になる……個人、集団、国家の間で起こる紛争や口論、誤解のかなりの部分がこのバイアスで説明できるのではないだろうか」[5]。

裁判において、弁護士は依頼人のために最善の主張を並べ立て、相手の主張に穴をあけることに最善を尽くす、と思うでしょう。このとき私達は、自分自身の考えや思い込みに基づいて自分の中で弁護士役を演じていることに気づきません。しかし、それこそが私達が行う行動なのです。時に、この手の行動は推論を特定の動機に基づいて行っていることが原因となることがあります。もしあなたと他の誰かの間で、この金はどちらのものか、といった諍いが起こっていた場合、あなたは自分こそがその金銭のしかるべき所有者だ、とする主張を信じる動機を持ち合わせていることになります。しかし不可思議なことには、そうした動機が特定の方向になくとも、人々は主張を組み立ててしまいます。事前の嗜好などなくても、論理的推論は確証バイアスに侵されてしまいます。

確証バイアスが働く非常によくあるパターンについていくつか紹介しましょう。

- 他にも違った見方があるとわかっていたとしても、好みのアイデアや視点にしか注意を向けない
- 自分の視点を支持する証拠しか探さない、気づこうとしない
- 自分の信念に反する証拠を見つけたとき、それを棄却したり、自分を支持する証拠より過小評価したりする
- 自分に反する証拠を無視できないとき、自身の理論の修正をなるべく最小限にして、主要部分は変わらず信じられるようにする
- 最初からいくつかの分類を用意しておいて、新たに見つかったものがなぜかいい感じにその中に収まるようにする
- 単純に手を抜く。何かしら意味が通るだけの情報を集めて、そこで手を止める（もっと良い説明があるかもしれないということを気に留めない）

知識の呪いはだいたいここに含まれます。何かを知っていて、自分が知っているということに過剰に自信を持ってしまうと、ニッカーソンの分類にある確証バイアスを起こすことになります。

世の創業者達がただ自身の先入観を確かめて回っていることに一度気づけば、確証バイアスを至るところで目にすることになるでしょう。私達が一緒に働いたある起業家（皮肉なことに、心理学者でした）が一連の潜在顧客にインタビューをして、お金を節約したいか質問していました。当然のごと

く、彼は圧倒されるほど肯定的な反応を得ました。別の起業家は、自身のアイデアについて100人の聴衆を相手に講演すると、そのうち11人が講演後に彼のもとに来て、彼のアイデアがいかに素晴らしかったか語ってくれた、と興奮気味に話していました。かれは残る89人について追跡調査しようとは全く考えませんでした。確証バイアスに踊らされたことのないイノベーターを見つけるのはほぼ不可能と言っていいでしょう。

第9章　イノベーションラボを浄化する

イノベーターに問題をもたらすバイアスや認知的錯覚の理解を進めながら、私達はそれらをうまく飼い慣らすための環境構築に励んでいました。イノベーションに興味を持つ人々が、イノベーションに関する事項を直接学べ、かつ優れたイノベーションの文化を吸収し、その一部となれるような場所を創造したかったのです。

有能なイノベーターになる

どんな組織においても、人々はツールの使い方を覚え、明示された手続きに従うようになります。また組織の文化を吸収し、その組織の一員としての振る舞い方を覚えます。こうしたマインドセットや習慣は、仕事の場面においての彼らのあり方にまで浸透していきます。フラッシュポイントにおける私達の主要なゴールの一つは、人々が有能なイノベーターとして振る舞える文化を創造することでした。フラッシュポイントを、ただスタートアップの創業者が仕事をして自身の事業を開発するだけ、なんて場所にするつもりはありませんでした。そこは、真正の需要や、イノベーションに対する心理的障害といった考えを学べる唯一の場所、というだけではありません。それ以上に、私達は実践のためのコミュニティ——人々が有能なイノベーターになれる場所を創造したかったのです。有能であれば十分というわけではありません。イノベーションは型にはまったプロセスではありません。創造性、洞察、そして運は常にその要因として存在します。しかし、有能は無能に勝るのです。

イノベーションにおける有能さについては、行き詰まりのことを思い返すと良いでしょう。ポール・サイモンは「明日に架ける橋」を作る過程で行き詰まりましたが、自分でその行き詰まりから脱して名曲を作り上げました。有能なイノベーターも行き詰まりますが、早いうちに自身が行き詰まっていると自覚でき、はまっていた溝から抜け出して前に進む道を見つけることができます。彼らがそのように行動できるのは、知識の呪いや基本的帰属の誤りといった罠を回避し、利用できる最良のツールを知り利用することで、価値ある目標（非無関心、"not not"、そして真正の需要）に気づき、そこに注意を向け続けることができるからです。

有能なイノベーターにとってコラボレーションはとてつもなく価値のあることです。イノベーターにとってコミュニティは非常に重要です。それはとりわけ、バイアスや錯覚を管理・削減し、盲点を克服するのに複数の観点を持つことが重要だからです。

アイン・ランドの小説『水源』に登場するハワード・ロークのような、優れたアイデアを一人で思いつき実現してしまう孤高の天才、といった浪漫のある存在は、別に死に絶えたわけではありません。そうした人々は実在します。しかし成功する人ひとりに対し、同じような人たちが何十人も失敗しています。そして一度成功した人は、たいてい次のプロジェクトでは失敗します。有能なイノベーターはコミュニティから学び、頻繁にコミュニティの中で活動します。それがもっとも効果が高いからです。彼らは打率が高いのです。

フラッシュポイントは文化の醸成に成功しました。建屋はジョージア工科大学のキャンパスにあるロフトスペースに設置されました。いくつかの理由により、壁の一つはまばゆい、鮮烈なライム色に塗装され、各年度に参加した企業が、去る前にその壁にロゴを貼り付けました。ある日、初期にフラッシュポイントへ参加し、その後、数マイル先に居を構えたある企業をマットが訪ねました。その中のオープンスペースで25人ほどがスクリーンに向かって作業をしていたのですが、そこの壁の一つは全く同じライム色に塗られていました。マットがそれについて尋ねると「自分達より先にフラッシュポイントにいた三つの企業が同じように、壁の一つをその色で塗っていた」とCEOは語りました。それらの企業はたった4か月しかフラッシュポイントに滞在していなかったのですが、創業者達はその文化の形見を持って帰っていたのです。

フラッシュポイントの文化は複数のアイデアとプラクティス、作業のケイデンス、そして複数のツールから形作られています。私達（メリック、マットとその同僚たち）はフラッシュポイントでその文化やプラクティスを、特に創形的イノベーションに重点を置いて開発してきました。創形的イノベーションこそ、私達が主に支援していたスタートアップにふさわしいものだったのです。大企業がフラッシュポイントに参加するようになると、伝統的大企業で必要となるような充形的、あるいは変形的イノベーションにも有用なプラクティスを多数開発しました。この後の「原理とプラクティス」のセクションの内容は、フラッシュポイントがスタートアップに重点を置いてきたあたりを反映しています。続く「ＩＢＭでイノベーションをもたらす環境を構築する」のセクションでは、ダニーが類似の文化を大企業であるＩＢＭにて作り上げてきた成果をいくつか紹介します。

原理とプラクティス

無条件の肯定的関心

フラッシュポイントでは、すべての人々が無条件の肯定的関心（Unconditional Positive Regard）を取ることを期待されています。このスタンスは、心理学者カール・ロジャースから拝借したもので、どんなことを言っている人であろうと支援し受容する態度を示す、というものです。イノベーションに対する心理的障壁は個人の過失ではなく、単に人間の心理がそのように働くだけなのです。人が目で見えているものを自分で変えられないのと同様、そうした歪みをなくすことはできません。だから、人はどんな過ちを犯しても、それで尊敬を失うべきではありません。間違うことは悪や低能を意味しません。私達は皆、間違いを減らすことはできる、というだけです。

更に言えば、人の間違い方はしばしば非無関心を解き放つ鍵となります。時間をかけて、私達は無条件の肯定的関心こそがイノベーションの礎となる、と考えるに至りました。それは緊張を和らげフランクな会話を促進するだけでなく、知識の呪いやその他の認知的錯覚から生まれる何かしらの誤解に対する防波堤としても機能するのです。

徹底的な本音

戦略的イノベーションの成果の多くはお互いの盲点に気づくためのものです。そして誰かが誰かの盲点を指摘すると、指摘された側は不意打ちを食らったような気分になりがちです。馬鹿にされたような気分に簡単になってしまいます。礼儀正しい社会では「誰かを馬鹿にする」ようなことは推奨されませんが、イノベーションの文化でそんな礼儀正しさを求める余裕はありません。なので、私達の成果は徹底的な本音（Radical Candor）を要求するのです。これはキム・スコットの著書[1]にて提唱されたもので、マネジメントの考え方として広まりました。その本ではチームをマネジメントするためのアドバイスが書かれていますが、イノベーションのプロジェクトはほとんどのビジネスプロジェクトとは異なるものです。通常のビジネスプロジェクトでは、既知の目標に素早く、あるいは予算内で到達することがゴールです。ですので、イノベーションにおける徹底的な本音は、チームメンバーを導いたり動機づけをしたりするため、ではありません。そうではなく、人々が素直に思考したことをそのまま口に出せる場を作るためのものです。そこでは、彼らの意見は尊重され、発言は誰かに対する侮辱だと取られる心配はありません。

無条件の肯定的関心がなければ、徹底的な本音は簡単にただの糾弾に成り下がるか、あるいはただ他人の気分を害してしまうだけなので、人々は何も発言しなくなってしまいます。しかし肯定的関心が基礎にあると、徹底的な本音はチームの議論を非常に明瞭なものへと底上げしてくれます。それを経験するのは大変ですが、爽快な気分にもなりえます。誰のアイデアであっても、腫れ物に触るような扱いをされたりしないのです。一方で、フラッシュポイントにいるほぼすべての人が不意打ちを食らうような体験をしています。自身のアイデアや信念を低く見られたり否定されたりして、恥ずかしい思いをするのです。私達はハードワークの末、全員がみな一緒なんだということを前提に、この手のコミュニケーションに耐えられるようになりました。私達が気づいていないことは誰も気づいていないのです。誰も、バイアスや認知的錯覚に対して免疫を持つことはできません。誰かの肩を叩き、「……へのアプローチの仕方に誤りがあるのでは?」や「確証バイアスに陥っているようだね」などと実際に言ったりするのは、好意で――まさに、贈り物として――やっているのです。ただそうだとしても、その贈り物は、普通は受け取った相手から感謝されないものです。フラッシュポイントの運営に携わった人々は、しばしばセラピストのように振る舞う必要性を感じることがあります。参加メンバーの誰かが始めた「フラッシュパイント」という習慣――特に大変だった日の終わりに近くのバーに行くことが、私達にとっての偉大なイノベーションとなりました。

ケイデンス[2]

イノベーションは、最終ゴールが事前に予測できないという点で、他のビジネス活動とは異なります。戦略的イノベーションではゴールのタイプは事前にわかります。それが、ビジネスできそうな領域にある、まだ充たされていない真正の需要であることはわかっています。しかし、具体的にそれが何かを知ることはできません。そこに到達するまでゴールが何か特定できないのだとしたら、そのゴールへの進捗をどうやって計測するのでしょうか?

他のチームプロジェクトと同様、イノベーションプロジェクトには計測とマイルストーンが必要ですし、さもなくば頓挫するリスクがあります。プロジェクトが既知のゴールに向かっているならば、計測可能なコンポーネントにブレークダウンできます。イノベーションプロジェクト、特に創形的イノベーションに関連するプロジェクトでは、そのやり方ではうまく行きません。

フラッシュポイントでは、メリックは航空のアナロジーを使っていました。つまり、対地速度に対する対気速度です[3]。創形的イノベーションでは、自身が追い求める特定の真正の需要は、定義上、事前に知ることができません。なのでそのゴールへの近さを計測する代わりに、正しい方向により速く飛べるような活動を計測できるようにするのです。それがいわば対気速度で、飛行機の活動を、風やその他の要因で地上での走行距離に直接換算できない状況でも計測できるものです。

戦略的イノベーションにおいては、対気速度を維持するには仕事のケイデンスを維持する必要があります。フラッシュポイントでは、創業者達に対して1週間の活動を定常的なケイデンスとして設定しました。それにより、彼らの「対気速度」を上げ、目標に到達する可能性を向上させるのです。チームは1週間の活動を計画し、それをきちんと構成できるようサポートを受けつつ、毎週火曜の夜に全員が、何をやったかについての5分間プレゼンテーションを行いました。そのプレゼンの後にはグループディナーが設けられていて、プレゼンで擦り切れた心を互いに癒せるようにしていました。水曜の朝は毎週のキックオフセッションで、プレゼンの内容を振り返り、次の1週間の活動を構成しました。より長いサイクルでのケイデンスもあります。最初の何週間かは確証バイアスや基本的帰属の誤りといった問題と、フラッシュポイントでのコアとなるツール——シチュエーションダイアグラムとDPI（第10、11章を参照）の両方の学習に集中するようにしていました。週を経るごとに学習の時間は減っていき、ツールを使いこなせると期待されるようになっていきました。

無関心に注意を払う

イノベーターが、世の人々にとって重要で、きっと彼らの生活に浸透していくであろう何かを作るのに夢中になっているとき、無関心ほど辛いものはありません。自身の愛するアイデアをピッチで話したら、聴衆が嫌がることすらせず立ち去って、関心を持たずただ忘れていく……なんて、味わいたくはないでしょう。無関心に向き合うのは2つの点で難しいものです。それに向き合うのは感情的に辛いものであり、そして、私達はポジティブな先入観を確認したいという思いに強く動機づけられているので、それを簡単に無視してしまうのです。

しかし十分な注意を払えば、無関心は至るところにあって、特にあなたのイノベーションのアイデアの周りに無数に存在することに気づくでしょう。常に覚えておくべきは、人々が無関心でいられない物事こそ、対処し、理解すべきなのです。恐らく、〝not not〟が存在するときには常に何かしら人々が構築した状況があって、そこでは〝not not〟原則が守られているのです。充たされていない真正の需要は、状況が変わって人々が対処できなくなった時に不意に現れます。安定した状況下では、そこにいる人々がうまい具合に真正の需要に対処しており、需要として表面化しません。イノベーターが無関心を見つけ、それを非無関心だと勘違いしまうのは、標識を逆に見てあらぬ方向に進んでしまうようなものです。フラッシュポイントで私達は、イノベーターたちが無関心に気付きたくない気持ちを克服するように、と常々心がけていました。

過程を見守る

あなたの、ビジネスやプロダクトに対するアイデアはいいアイデアでしょうか、それとも悪いアイデアでしょうか？　それはわからない、ということをフラッシュポイントでは中心理念に置いていました。全ての人が持つバイアスや心理的障害のせいで、イノベーターが自分たちのアイデアの強みと弱みを嗅ぎ分けることは恐ろしく困難なのです。せいぜいできることは、そのアイデアに至るまでの考え方が健全であるようにすることだけです。

戦略的イノベーションプロセスの「内部ループ」、つまり、まだ充たされず、そしてビジネスにできそうな真正の需要を見つけるための過程においては、DPIとシチュエーションダイアグラムが使用されていました。このプロセスは後続の2つの章で詳細に説明します。フラッシュポイントには成果を重要視せず、過程を見守ることを奨励する文化があり、それによって内部ループは支えられていました。

オデュッセウスの駆け引き

「オデュッセウスの駆け引き」という呼称は、ホメロスの『オデュッセイア』に登場する古代ギリシャの英雄の冒険譚にある、とある事件から取られています。オデュッセウスはセイレーンの住む島の横を船で通り過ぎる必要がありました。セイレーンは不思議な力を持った女性で、美しく、魅惑的な歌で船乗りを惑わしては船を難破させていました。オデュッセウスは安全なまま、彼女の歌を聴きたいと思いました。彼は船員の耳をワックスで塞ぎ、自身の体をマストに縛り付け、自分が何を言っても無視するように、と命令しました。セイレーンの歌声を聴いたオデュッセウスは、自分の縄をほどき、そして岩に向かって進むよう船員たちに懇願しました。しかし船員たちはオデュッセウスを無視し、安全に航行することができたのです。

フラッシュポイントにおいて、私達は、バイアスと認知的錯覚から身を守るため、あらゆる類のオデュッセウスの駆け引きを利用しました。それは応募のプロセスから始まっていました。そのプロセスからバイアスを取り除く目標は、最良の選考を可能にすることでした。それはつまり、私達が最も支援すべきで、そして最も成功する可能性が高いスタートアップを選出する、ということでした。しかしそのバイアスを取り除く作業は同時に、人種にまつわる一般常識からバイアスを取り除くということにもつながったのです。

あらゆるスタートアップのアクセラレーターやイノベーションチームのほとんどにおいて白人男性の人口が圧倒的に多いです。例外は大抵、特に女性やマイノリティのために用意されたプログラムです。その手の例外を作る代わりに、私達は応募プロセスからバイアスを排除しました。候補者の動画を観るのをやめました。応募フォームから名前や性別のわかる表現を審査員が目にする前に取り除き、性別や人種から来る先入観でバイアスがかからないようにしました。審査員には、私達が必要と信じる基準のみを元に、候補者に点数をつけさせるようにしました。応募者一人につき複数の審査員をつけ、異なる点数に相関が見られなかったときは、それらの点数を採用しないようにしました。審査員には改めて、バイアスを避けるため、候補者の動画を見ないようにしてもらいました。最終的に、点数を合計し、応募者をランク付けしました。あるランク以上の応募者は全員合格としました。その上で初めて応募者と面接を行い、応募内容の詳細を確認し、私達のプログラムを説明しました。このバイアス排除の努力の結果、女性とマイノリティの比率は例年50％から70％となりました。

応募者が選抜されプログラムが開始すると、引き続き私達はオデュッセウスの駆け引きを使ってバイアスから身を守るようにしていました。プログラム最初の数か月、メリックとマットはいかなるプロダクトのアイデアも聞かないようにしていました。そうしたアイデアに基づくいかなる拙速な判断にもバイアスがつきまとい、その後の議論を歪曲してしまうのを私達は知っていました。創業者は通常プロダクトのアイデアを持って参加していて、それを共有したいとうずうずしています。初期のアイデアに関して話したり判断を下したりしないよう、常に苦労していました。しかし私達は、そのプロセスがとても重要なもので、プロダクトのアイデアやバリュープロポジションに対する判断は役に立たないことを知っていたのです。

共通言語

〝not not〟、真正の需要、DPI、「気づいたんだけど…」、マッドパイといった用語やフレーズはプラクティスの中で定義され、会話の中での省略表現として使われました。そうした概念や用語のほとんどは、イノベーターがフラッシュポイントの外で一般的に使うものとは大きく異なっていました。それらはアイデアを補強し、コミュニケーションを促進させ、そしてコミュニティをまとめる役目を果たしたのです。

IBMでのイノベーション環境の構築

フラッシュポイントにおいて、メリックは身を挺して、イノベーションのために彼ができうる最高の環境を構築する自由をジョージア工科大学からもぎ取りました。大規模な組織にいるイノベーターのほとんどは何かしらの制約を抱えています。既存の文化、四半期ごとに結果を出さないといけないプレッシャー、そして（支援的か否かに関わらず）上司の存在と闘わなければなりません。

IBMにおいて、ダニーはバイアスや認知的錯覚に立ち向かうためのフラッシュポイントのツールや言語や意識を持っていませんでした。第3章で述べたように、彼とその同僚は変形的イノベーションへの挑戦をする方法を見出し、それがWebSphereにつながりました。しかしそれは試行錯誤の上で行われました。そのプロセスの中で、彼らは、異なる環境と共通言語を用いれば避けられたかもしれない戦いに臨み、勝利せねばなりませんでした。

それでもなお、ダニーはＩＢＭのソフトウェアビジネスにおいてより良いイノベーションを実現する空間を構築しました。マットがそれについてダニーと議論してみると、ダニーは、私達がフラッシュポイントで獲得したのと同じ原則の一部を直感的に使いこなしていたことがわかりました。アイデアが対立した際に本音を奨励するが尊敬と関心を忘れない、ということです。オデュッセウスの駆け引きと類似のものもあって、耳を傾けるべきだが必ずしも聞きたくはないような問題をきちんと取り上げることを奨励していました。

ダニーは、ある特定の課題と、それらを包括する一般的な課題の両方に対処するため、これらの手法を導入しました。特定の課題とは、彼がグローバルビジネスを手掛けていて、様々なソフトウェアプロダクトを世界の数十か国で販売していたことです。国によって状況は違っていて、プロダクトそのものや、その販売方法への需要の違いはニューヨークにあるＩＢＭ本社でははっきりとはわかりませんでした。フランスでのベストセラーはドイツ市場では弱く、香港では全く売れませんでした。ダニーは何が起こっているのか理解する必要がありました。

包括する一般的な課題は、ビジネスを持続可能で、成長し続けるものにすることでした。持続可能性の敵は、永続的に続く、短期の、四半期での利益にまつわる問題でした。長期間の成長に投資することは、今期の目標を達成する活動から人材やリソースを奪う恐れがありました。

ダニーは3つの方面からイノベーションの可能性を開拓しました。彼の上司、顧客、そしてチームです。

上司　ダニーは自分のすることで上司が安心できるように心がけました。彼らを切り捨てて自分の領地を築くなんてことはせず、しかし重要な決定事項には口を挟むことにしていました。上司は自分が知らないことを知っているかもしれない、あるいは、彼らには会社全体の方針があって、それが自分のものより重要視されるかもしれない、と常に考えるようにしていました。ダニーは持続可能な成長に対するコミットメントを主張し、自身のコミットメントでそれを裏付けました。彼が自分の上司を叱責し、公然と批判をしたことは彼のキャリアの中での節目として特に印象の残るものとなっています。彼がそうできたのは、心の中に自分の仕事を持っていたからです。彼は決して、仕事に自分が振り回されることはありませんでした。いざとなれば、どこにだって新しい仕事を見つけることができたのです。にもかかわらず、相互の尊重と支援の関係を構築するには何年もの継続した努力が必要でした。

顧客　ダニーはＩＢＭで誰よりも多くのマイレージを獲得しました。それだけ、顧客を訪問し話をしたのです。彼は確証バイアスや知識の呪いなどに精通していたわけではありませんでしたが、何かの思いに駆られながら相手のことを察しようとするのは問題があると感づいていました。営業担当ほど強い思いを持った人間はいません。それでダニーは顧客に何が起こっているのかを理解するのに彼らだけには任せられないことを悟っていました。彼の顧客との普段の対話の中に営業トークはほとんどありませんでした。彼は営業のプロセスとはかけ離れた、ただの理解者として、あるいはIBMと顧客を仲介する正直なブローカーとして振る舞うようなスタンスを培ってきました。IBMの製品を売ることが会話の中で一番の関心事になることはほとんどありませんでした。

チーム　ダニーが自分のために働く者たちに求めていたのは、聞いたことや気づいたことに可能な限り正直かつ率直でいることでした。正直や率直は優しいことを意味しません。マークはかつて、彼が自分のチームを叱責するのを見て、自分が叱責されているのではないのにテーブルの下に潜り込みたいと思ったことを覚えています。ダニーの下で働く人々は、もし彼に真実を告げなければ本当に大変なことになる、というのをすぐに学びました。一方で、もし何かのタスクで失敗したり何かがうまく行かなかったりして、それを打ち明けると、良きアドバイスをくれたり、うまく行くようにサポートしてもらえたり、と全く違う反応が返ってくるだろうことも理解していました。あまりに多くのリーダーが「報告者に怒りをぶつける」ようなメンタリティを持つ文化の中で、ダニーはオープンな空間を苦心して作り上げていました。

ダニーはメリックの「無条件の肯定的関心」アプローチに詳しいわけではありませんでしたが、本音と尊敬がコインの表と裏の関係にあり、尊敬のない本音をぶつけ合う文化を作ろうとすると自滅する、と理解していました。

彼は本音をチームに求めるボスたちを何人も知っていましたが、彼らは自身の欠点に対して率直な発言をした者を罰したり、批判に対してまずい反応をしたりしていました。一方ダニーは、チームに対して自身のIBMにおける欠点について話したり、会社では人々が言うのをためらうようなことについて発言したりして、正直で隠し立てしないことが許されるというサインを送っていました。

無条件の肯定的関心や本音、その他のメリックがフラッシュポイントで作り上げた文化の具体的な要素は全てイノベーションを育てることを目的としていました。理想は、十分に手入れされた庭のようなものを作り、イノベーションが育つのに適切な水、土、日向と日陰を用意することです。しかし庭師は植物を植え、手入れをする必要があります。同様に、戦略的イノベーターは自身のイノベーションを考え出し、開拓する必要があります。フラッシュポイントにおいて、その具体的なプロセスは顧客モデルを作り、改良することでした。そのモデルの中心にあったのが、私達がシチュエーションダイアグラムと呼ぶものでした。

第10章　状況を図示して、充たされていない真正の需要を明らかにする

1534年ごろ、アンドレアス・ヴェサリウスは、パリで、絞首刑にされた男を晒し台から降ろし、死体を注意深く調べました。これが決定的瞬間となって、彼は人間の身体がどのように組み合わされているのかを研究するようになり、それによってヴェサリウスは現代的解剖学の父となりました。ルネッサンス期の数世紀を経て、アレクサンダー・オスターワルダーは"The Business Model Ontology"（『ビジネスモデルのオントロジー』）[1]という題目の著名な博士論文を執筆し[2]、その中で彼は似たようなことを行いました。人間の解剖ではなく、ビジネスの解剖を追求したのです。その論文は、メリックがシチュエーションダイアグラムという、フラッシュポイントで採用された重要なツールを開発する旅路の始まりとなりました。

シチュエーションダイアグラムに至るまで

オスターワルダーの目標は「企業のビジネスモデルを説明可能にするオントロジーを与える」ことでした。別の言葉でいえば、彼は企業が、バリュープロポジション、顧客との関係、必要な企業内／

企業間インフラ、そして収益モデルを形式的に記述できるようにするフォーマットを提案しました。[3]

オスターワルダーの成果を可視化したのがビジネスモデルキャンバス（BMC）と呼ばれるもので、あらゆるビジネスの本質的な部分を可視化できるとしています。解剖学において、動物の身体がどのように組み合わされているかは種類によってことごとく違っていますが、しかしすべての動物は、摂食、感知、移動、再生のための本質的なシステムを共有しています。似たような要素はビジネスにも見出すことができます。このモデルによれば、街角の店舗からエクソンモービルまで、すべてのビジネスは以下のような「臓器」を持っています。

・バリュープロポジション（価値提案）
・価値の創造のしかた。特に活動、パートナー、リソース
・価値の収穫のしかた。特に顧客、そこへのチャネル、および顧客との関係
・収益モデル。ビジネスを持続可能にするためには、長期的には、価値創造のためのコストがそこから得られる価値よりも低くなければならない

オスターワルダーの共同研究者であるスティーブ・ブランクらのおかげで、BMC（図10・1）は現在、ビジネスアクセラレーターや起業家の机の上に必ずと言っていいほど置いてあるものになりました。創業者達はキャンバスをスタートアップのテンプレートに使うようになりました。それぞれの要素をキャンバスの各ブロックに埋めていくということを何度も行い、最終的にブロックがすべて妥当だと確認されると、それはビジネスのテンプレートとなります。いったん正しく実行に移されれば、恐らくビジネスは成功するでしょう。

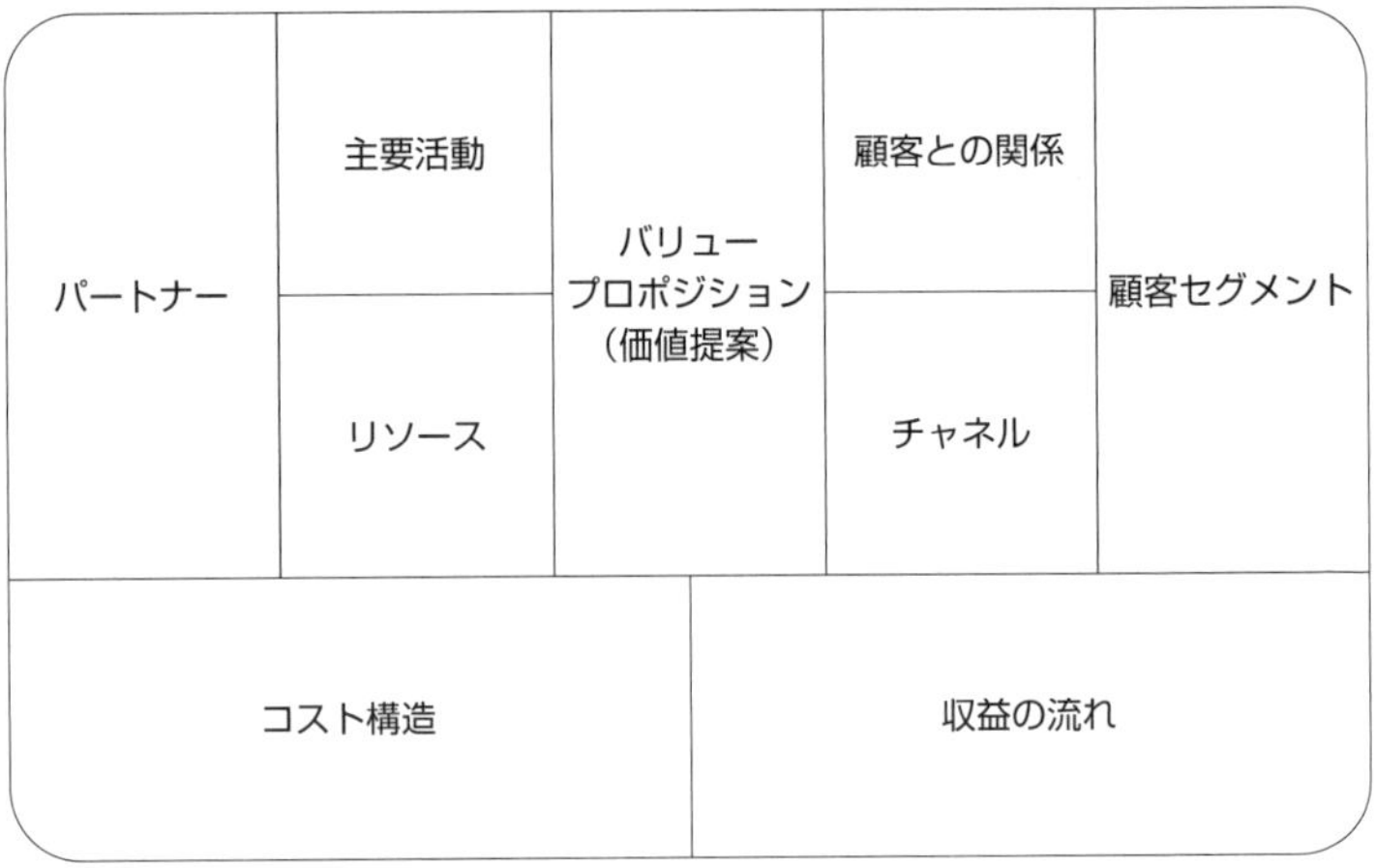

パートナー	主要活動	バリュープロポジション（価値提案）	顧客との関係	顧客セグメント
	リソース		チャネル	
コスト構造		収益の流れ		

図10.1　ビジネスモデルキャンバス
出典：© 2020 Business Model Foundry AG. 素材は次のURLでパブリックライセンスになっている。
https://commons.wikimedia.org/wiki/File:Business_Model_Canvass_template.png.

ＢＭＣはダンバラが困難なスタートを切った頃には一般的なツールになっていきました。そしてメリックはその時、どうしてバリュープロポジションが期待していたように機能しないのか理解しようとしていました。この問題と格闘し、創業者達がどのようにＢＭＣを使っているのかを観察しているうち、メリックは２つの質問を何度も何度も考えるようになっていました。

- 本当にモデリングすべきものは何か？
- 実際のところ、バリュープロポジションはどのような役割を果たしているのか？

オスターワルダーはＢＭＣを既存の、既に確立したビジネスを分析することから導出しました。つまり、既存のビジネスを表現するためのものだったのです。新たにビジネスを創出するなら、ＢＭＣを青写真として使えるのは明らかに思えました。ビジネスは最終的にそのモデルに適合しなければならないのですから、最初からそれを元に作ればいいのです。しかし、もしその「明らか」が間違っていたとしたら？　イノベーターのゴールは、とどのつまり、イノベーションを起こしたい人々の生活に適合する何かを行う、ということです。そのゴールに到達するまでの段階で、私達はバリュープロポジションに対するありとあらゆる先入観に見舞われます。ハミングバードでジムは、どのように適合させるか最初からわかっている、と思いこんでいました。釣り人が魚を捕まえるのを手助けすればいいのだと。ダンバラでは、真正の需要を最初から知っている、と思い込んでいました。そして彼は間違っていました。顧客がウィルスに感染したコンピュータの問題を解決する手助けをすればいいのだと。やはり私達は間違っていたようでした。どちらのケースにおいても、イノベーターは多数の異なるバリュープロポジションを作成していました。魚群探知機が持ち運びできる、耐水性がある、浅瀬でも使える、など。あるいは、ボット発見器がクリック詐欺や信頼詐欺を防止できる、データやパスワードの盗難を防止する、など。どれも役に立ちませんでした。

だから多分、イノベーターにとって解くべき最初の問題は、ちゃんとビジネスに見えるビジネスを構築する方法ではなく、まだ充たされない、ビジネスを構築できそうな真正の需要を見つけることなのです。この問題を解決するには、繰り返し行い検証すべきモデルはビジネスモデルではありません。顧客のモデルであるべきなのです。

第8章で議論したような、状況が人の行動にどういう効果を持つかに関する研究に基づいて、メリックはモデリングすべき対象は顧客の置かれている状況だと考え始めました。状況こそが顧客の行動を最も確実に予測できるものだからです。だから顧客を、客層やパーソナリティ、そして彼らの抱える課題すらもモデリングに利用せず、メリックは彼らが置かれている状況をモデリングすることに決めたのです。

当然ながら人々は、同時に、あるいは人生を通じて、数多の異なる状況に置かれます。育てられた状況、兄弟姉妹との状況、そして仕事での状況。他にも、ベジタリアンとしての状況、ドジャーズファンとしての状況、など。全てを描き出すのは不可能でしょう。しかしそれら状況のうち、イノベーターと、対象の人々が置かれた状況をつなぐものだけを描くのは恐らく可能でしょう。

人々が置かれている状況の要素のうち、その状況に対処するために使われるものがあります。ドジャーズファンはチケットやボックススコア[4]を使います。ベジタリアンは料理本やベジタリアン向けのレストランを利用します。親たちはおむつやスクールバスを使います。チケットや料理本やおむつを提供することに興味のある企業の観点からは、誰かの状況をまるごとモデリングする必要はありません。イノベーターは、顧客が利用するものの中から、イノベーターにとって意味のあることだけに着目して状況をモデリングすることで、必要な情報を得ることができます。おむつを製造する企業のイノベーターはスポーツチケットの観点で顧客の状況をモデリングする必要は恐らくありません。同様に、チケット販売会社はおむつのことを気にする必要はないのです。

メリックが取り組んだ2つめの疑問は、バリュープロポジションが実際にどんな役割を果たしているのか？でした。彼は知らなかったことですが、実はＩＢＭにおいて、ダニーも同じ問題と格闘していました。マーケティング担当部署は、自分たちのプロダクトの元となるバリュープロポジションを頻繁に記述していました。しかし、そのプロポジションが行き詰まることは全くありませんでした。

あるプロダクトは、「競合製品より安い」というバリュープロポジションの元に提供されていました。顧客はそれが安いから買ったと営業担当に話していて、マネージャーはバリュープロポジションの確証が得られたと思い込んでいました。マーケターや営業は現象を理解したつもりになっていましたが、顧客はある日もっと高価なプロダクトを購入し始め、一から考え直す羽目になる、といったことが起こっていました。彼らのバリュープロポジションは、現実的だと思えることもあればそう思えない時もあり、しばらくは機能していたが突然機能しなくなってしまうこともありました。それらをひっくるめて考えると、バリュープロポジションという考え方はあまりにも信用できず、頼りにすべきでもないのではないと思われました。メリックとダニーは同じ問題に直面していましたが、ダニーはそれを何とかやりくりしようとしている一方で、メリックはそのための理論を構築しようとしていました。

オスターワルダーのBMCにおいて、バリュープロポジションは主役です。そこに全てが込められているからです。サービスやプロダクトは価値を提供するために作られます。顧客はプロポジション（示される提案）が価値を提供するから購入します。BMCの要素が同時に機能しなくなるのは、バリュープロポジションがそれらをつなぐ糊の役割を果たしているからです。

しかし顧客の状況を状況としてみると、糊は必要なくなります。状況の中で"not not"が網の目のように絡み合い、一体となっているのです。状況が続く限り、要素はジグソーパズルのように組み合わさって安定します。

そうしたことを考慮に入れ、メリックはBMCにいくつかの変更を加えました。まず、プロダクトを売ろうとしている企業ではなく、購入するかもしれない顧客に焦点を当てるようにしました。2つ

アクション	関係
装置/リソース	チャネル

図10.2　シチュエーションダイアグラム

めに、客層や課題ではなく顧客の状況に着目しました。3つめに、バリュープロポジションのブロックを完全に取り除きました。最後に、ダイアグラムを単純化し、図10・2のような、アクション・関係・装置・チャネルの4ブロックだけに限定しました。

4つのブロックは状況を構成する4つのパーツで、それぞれ観測・テストができます。

1　アクション：人々がすること
2　装置／リソース：アクションを実施するうえで使われるプロダクトやサービス
3　関係：アクションを起こしている以外の人たちによる活動で、そのアクションに対するリソースとなるもの
4　チャネル：装置や他人のアクションが状況に影響を与える経路

アクション

このブロックは関心の対象となっている人のアクションや行動を表します。請求書にサインする、ディスプレイウィンドウの前で立ち止まる、電話をかける、といったことが書かれます。

装置／リソース

現代社会において、人々は通常、ツールや、より広い意味では装置の助け

を借りて状況に対処しています。ここでいう装置は実際のツールや機器だけに留まりません。サービスや、人々が状況に対処し制御し続けるためのあらゆるものが含まれます。状況は装置を形作るし、装置は状況を形作ります。エレベーターについて考えてみましょう。小さなアパートのビルにおいて優れたエレベーターは、高層の商業ビルのエレベーターとしては使いものにならないかもしれません。見落とされがちなことですが、エレベーターの技術はエレベーターに乗る人々がどう振る舞うかに影響します。初期の世代のエレベーターには、ドアの開閉をして正しい階へ案内するオペレーターが必要でした。新世代のプッシュボタン式の自動エレベーターが一般的になっても、多くの人々はオペレーターを必要としていました。今日、ボタンがなく、特定の階にだけ止まれるカードで操作するエレベーターがありますが、その乗客はやはり、エレベーターを認識し操作する上で、それがどういうものので、どう接すればいいか混乱してしまいます。

だから、堅固で変化しない物理的装置ですら、状況次第で大きく変化するものになります。携帯電話は、学校に取り残された子供にとってのライフラインになるかもしれませんし、ミーティングをするための道具にもなりますし、Appleでは営業ノルマ達成のSKUになりますし、他にも旅のお供になったり、翻訳機になったり、鳥の種類を特定する機械になったり、懐中電灯になったり、目覚まし時計になったりします。携帯電話とは何であるか、は、その特徴だけでは単純に表せません。携帯電話の重さが30グラムだったとして、その重さはある状況では「重すぎる」し、別の状況では「物足りない」となります。装置を「リソース」として考えると便利なことがあります。

関係

関係はリソースの一種です。人はそれなしでは何もできませんが、関係を使って状況に対処するのは文脈に依存し、その点で、単に装置を使うのとは大きく異なります。顧客はリソースです。チームメンバーも、上司も、サポートスタッフも、ファンも、投資家も、友人も、状況に対処するのに関わるどんな人もリソースです。装置とは違って、相互依存性が関係への鍵となります。何かの状況に対処している人は、関係を持つ相手にとってのリソースとなります。

チャネル

チャネルは装置や関係といったリソースが利用される経路で、それによってアクションが実施可能になります。商品棚、アプリストア、サブスクリプション、Ｚｏｏｍでの通話や会議、電話、テキスト、などといったすべてがチャネルになりえます。

実例：荷役作業ビジネスを図にする

スタートアップ企業や新たなプロダクトは未熟な状態でローンチされ、スタートで躓くのが常と言って良いでしょう。しかし徒競走とは違い、誰もホイッスルを吹かなければ、企業をスターティングブロックに戻してやり直しさせるような存在もいません。スタートアップや真に革新的なプロダクトにとって、このようなスタートの失敗を見つけるのは困難です。スタート失敗はアイデアからローンチすることで起こります。本当のスタートは、真正の需要を明らかにすることで始まるのです。後にロードシンク[5]と呼ばれるようになった物流会社は真正の需要を見つけてスタートをやり直した好例です。

ある日、アックマン・ヴァンメリーという背の高いハイチ人がフラッシュポイントに応募してきました。アックマンはトラック運送業界の様々な職種で働いた経験があり、今はトラック運送業者と荷主のマッチングを行うサードパーティの物流会社を所有、運営していました。手堅いビジネスでしたが、そこでの経営に携わるうちに彼はあるアイデアを思いつきました。それが彼には絶好のチャンスに思えました。彼の念頭にあった状況は、運送業者がトラックから積み荷を降ろしているときに起こっていました。[6]

トラックが倉庫や物流センターに到着したとき、トラックの運転手は作業を完了するために荷役作業員と倉庫のマネージャーを必要とします。荷役作業員はトラックの積み荷を積み込んだり降ろしたりします。倉庫のマネージャーとスタッフはオペレーションの流れを管理していて、トラック運転手を列やドックに誘導し、積み荷を書類と共に受け取り、次に行くべき場所へ移送します。

アックマンはこうした状況を良く知っていて、それらが破綻するのをいつも見ていました。列は少しずつしか進まず、トラック運転手は待つことを強制され、期限は過ぎるし、燃料を浪費しました。トラックがドックに誘導され、そこで荷役作業員が荷物を降ろすのを待つことになるのですが、作業員が来ず、別のトラックに道を譲るために脇に追いやられたりしました。アックマンは、問題が決済システムにあることに気づきました。このビジネスにおける決済はひたすら面倒なものでした。全ては紙の書類で処理されていました。現金での決済は、詐欺と脱税の長い歴史の影響から連邦法で違法とされていました。荷役作業のコストは、トラック運転手かトラック運送会社に支払われる積み荷の単価に意図的に含まれていましたが、実際のところ、運転手はしばしば荷役作業料を余分に支払い、払い戻しを受けませんでした。現金での支払いは違法であるにもかかわらず、それはなお広く行われていました。損傷した貨物や積み荷の積み方を替えなければならない倉庫の問題によって作業は混乱していました。

現金の代わりに標準的に使われていたのが、コムデータと呼ばれる企業が1970年代に発明したコムチェックでした。トラック運転手は倉庫に到着する際、船荷証券と未記入のコムチェックの束を持ってきます。荷役作業員は船荷証券を受け取って請求書を発行します。運転手は電話をかけ、すると自動応答のシステムか24時間対応のサービスが応答するので、請求書の情報を伝えます。すると14～18桁のコードが発行されるので、運転手はコムチェックにそれを書き込みます。運転手は作業員にコムチェックを渡すと、作業員は別のところに電話をかけ、補完コードを受け取り、コムチェックに書き込みます。これによってコムチェックは有効になります。トラック運転手の視点からのシチュエーションダイアグラムは図10・3のようになります。

シチュエーションダイアグラムの4つのブロックによって、アックマンは、そのときその状況を形作っているものが何なのかを明確かつ具体的に考えることができました。図示は思考のための道具で、ソリューションではありません。状況を図示することはイノベーションではありません。単に既知のこと、あるいは既知だと思っていることを、使いやすいフォーマットで書き出しているだけです。シチュエーションダイアグラムは、既知の状況やその一部を明らかにし、イノベーターが検証する余地を与えます。未知のことを明らかにはしません。

アックマンは新たなビッグビジネスの可能性を感じていました。古臭くなったコムチェックのシス

アクション	関係
請求書を手に荷主に電話をかけ、複数桁のコードを受け取る。それを未記入のコムチェックに書き込む	荷役作業員（請求書を発行する） 荷主もしくは仲介人（コードを発行する）
装置／リソース	**チャネル**
電話 請求書（荷役作業員から） 未記入のコムチェック コード（荷主から） コムチェックを受け取り、倉庫のある場所で稼働する銀行	荷主への電話 ドックでの直接の面会

図10.3　ロードシンクの最初のシチュエーションダイアグラム（トラック運転手）

テムを現代的でシンプルなものに置き換えることで、トラック運転手をもっと楽にできるはずです。そしたら彼らはそれに群がるでしょう。具体的な技術が頭にあったわけではありませんが、新たな決済システムのアイデアは続々と頭に浮かんでいました。トラック運転手のためのシステムを彼は模索していました。これこそがアックマンが、トラック運転手やサードパーティの運送業者での経験と専門性から、想像していたことでした。

戦略的イノベーションは、しかし、頭の中の想像ではなく、具体的に手を動かすことで進めます。メリックはアックマンに倉庫のドックに足を運び、トラック運転手の興味を引けるか試してみてはどうか、と提案しました。アックマンがその週には行動に移そうとせず、メリックは再び同じ提案をしました。翌週も同じで、何週間か同じことが繰り返されました。提案に対するアックマンの抵抗は、非常に典型的な行動でした。彼は内気なわけではなく、倉庫やドックにも慣れ親しんでいました。つまり、それらが問題ではありませんでした。アックマンは重大な決断をする必要があったのです。今のビジネスは彼にとって快適なものでした。既にコミュニティの中で認知されていて、業界内で社会的地位を確立していました。しかし彼は最終的に、そういった全てをリスクに晒し、自らのアイデアの可能性に賭けてみることにしました。これがアックマンのスタートでの躓きであり、新しいビジネスが始まるときに起こる不可思議なできごとなのです。

スタートアップの創業者や企業の幹部は自身のスタートポイントをきちんと調査したりダブルチェックしたりしようとはしません。そう装うことはしょっちゅうします。アイデアをピッチをしたり、肯定的な回答が返ってくるようにバイアスがかかった方法で検証したりします。しかしあるべき本質はそこにはないのです。一旦アイデアに賭けると決めたら、そのアイデアを売り込んだり、確証を得るための質問を思いついたり、アイデアと矛盾する情報を聞き入れないようにしたり、といったことをしないでいるのは困難なことです。アイデアに対してあらゆる側面から疑問を投げかけ検証する、といったことが必要と感じられず、むしろ脅威に感じるのです。約6週間かけて、メリックとフラッシュポイントのチームはアックマンをドックに行かせ、自身のアイデアを実際のトラック運転手に対して試してみるよう促しました。ついに、彼は行きたくない気持ちを克服して実行に移しました。トラック運転手たちは、彼のアイデアが好きか嫌いか、彼に教えようとしませんでした。彼らは忙しく、アックマンは彼らの注意を引けなかったのです。

最初にその話を聞いたとき、ダニーはうなずき、「当然ですね」と言いました。「ＩＢＭでも常に同じことが起こっていました。顧客が抱える課題がわかったとして、それを顧客に指摘し、可能なソリューションを提案しても、彼らの注意を引くことはできません。課題を間違えているというわけでは必ずしもありません。それはどちらかといえば、『ワニに囲まれているときは、沼を干す事など考えられない』という古い格言にあるような状況です。潜在顧客がソリューションの結果得られる状況は、彼らが今現実で問題に巻き込まれている状況とは全く違っています。それに対処するので彼らは手いっぱいで、話を聞く余裕もないのです」。

アックマンは諦めませんでした。シチュエーションダイアグラムが方針を決めるのに役立ちました。表10・2のダイアグラムにおける関係の象限には、荷役作業員、荷主、仲介人がいます。彼はそのすべてと話しました。トラック運転手が示した無関心のリアクションを、荷役作業員もやはり示したのです。コムチェックに対して不平の言葉を聞きはしたのですが、大したことではありませんでした。しかし、ある日荷主と話していた時、彼は予想していなかった言葉を聞きました。その荷主は「夜寝られさえすればいいのに」と言ったのです。それは新しい情報でした。

彼らは決済プラットフォームと運送業での問題を話し合っていたはずが、その荷主は個人的な悩みを打ち明けたのです。

アックマンは、荷主たちがいつも、何でもかんでも話すのを完璧に理解していましたし、その内容のほとんどはゴシップでした。しかしそんな中でも、場違いな発言には何かの価値が潜んでいることがあります。アックマンはそう発言したのはなぜか尋ねると、荷主はコムチェックの検証コードを発行するのが悩みの種なんだ、とぼやきました。トラック運転手は24時間、国中の至るところからドックにやってきます。そこでは、船荷証券に間違いがあったり、積み荷の上げ下ろしで何かが破損したり、積み荷が何かしらの結果痛んでしまったり、といった問題がしょっちゅう起こっています。何かおかしくなると、荷主は電話に出て問題の対応に追われます。何かが起こるといつもいつもそうなのです。でないと荷物が輸送されないのです。そういうのが積み重なって、眠れぬ夜だらけの毎日になってしまっていたのです。

新たなシチュエーションダイアグラムを描くべき時が来ました（図10・4）。トラック運転手の状況を荷主の状況と関連付けたものです。

荷主のダイアグラムにあるアクションからトラック運転手のダイアグラムにあるアクションへリンクが張られる形になっています。両方のシチュエーションダイアグラムにある要素は、何かがそれなしでは起こらない、という要素です。もしトラック運転手が、コードが記載されたコムチェックを荷役作業員に渡さないと荷物は降ろされません。荷主がコードをトラック運転手に伝えなければ、トラック運転手はコムチェックを持って行けません。荷主が緊急用コードディレクトリを持っていなければ、緊急時にコードをトラック運転手に電話で伝えることができません。アクションの連鎖は、多数の人々がチャネルを介してアクションをすることで拡がります。そしてチャネルを介してなされるアクションによって、関係が（他の関係や装置／リソースが手助けする形で）どのように機能するのかが明らかになります。

そして今、奇妙な現象に出くわしました——「眠れぬ夜」です。その状況は図によって単純化されていて、眠れぬ夜の理由はもはや明らかです。もし荷主が電話に出ないと、トラック運転手はコムチェックに書き込むコードを取得できず、輸送ができない状態になるのです。荷主としての使命をまっ

アクション	関係
請求書を手に荷主に電話をかけ、複数桁のコードを受け取る。それを未記入のコムチェックに書き込む	荷役作業員（請求書を発行し、決済を受ける） 荷主もしくは仲介人（銀行口座を持っていて、決済コードを提供する）
装置／リソース	**チャネル**
電話 請求書（荷役作業員から） 未記入のコムチェック コード（荷主から） コムチェックを受け取り、倉庫のある場所で稼働する銀行	荷主への電話 ドックでの直接の面会

アクション	関係
運送しようとしているトラック運転手のために決済検証用のコードを提供する	トラック運転手 コムチェックのヘルプデスク
装置／リソース	**チャネル**
電話 請求書 コード生成システム 緊急用コードディレクトリ	トラック運転手につながる音声電話 コムチェックへの電話

図10.4　ロードシンクのシチュエーションダイアグラム。トラック運転手の状況（上）が荷主の状況（下）に関連する

とうするためには、いつ電話がかかってきてもその電話に出ないといけません。しかしどうして、あの荷主はその話をしたのでしょうか？　より正確に言うと、もし彼がアックマンにその話をしなかったら、どこに支障が出たのでしょうか？

おそらく、どこにも支障は出ませんでした。この手の奇妙な現象は頻繁に起こり、しかしほとんどは大したことないものです。ただ、そこには真正の需要が潜んでいます。もし荷主がアックマンに眠れぬ夜のことを打ち明けなければ、アックマンは荷主を眠らせるための技術を思いつくことはなかったでしょう。

大量の検証を経て、その眠れぬ夜は重要なものだとわかりました。さらなる対話の中で、その話は何度も何度も出てきました。ある荷主はアックマンに「5万ドルを投資させてほしい。そしたらトラック運転手への支払いが楽になるんだろう？」と語りました。荷主たちは、運転手たちを支援するアックマンを支援する方法を探していました。アックマンは何かを掴んでいました。

アックマンはトラック運送業界全体を熟知していたし、気にかけてもいました。彼は自身の会社で当初、トラック運転手が荷役作業員にする支払いをより効率的にするアイデアを実現しようとしていました。しかし検証し図示すると、違うものが――荷主の需要が見えてきました。彼は正しく球場の中にいたのですが、ボールが見えていませんでした。彼が見たいと思っていたものと違っていたからです。しかし、彼は小さいけれど確実な秘密を明らかにしました。効率的な決済システムにトラック運転手は価値を見出しませんでした。代わりに明らかになったのは、荷主が夜を眠れるようになるためにお金を出すだろう、ということでした。それこそが真正の需要の核となるもので、このときまさにスタートの号砲が鳴り響いたのです。会社は森から抜け出たわけではありませんでしたが、しかし今、ハミングバードでジム・バルコムが趣味の釣り人に対する洞察を得たときと同様に、アックマンは指針を得ました。彼は森を抜け出す方法を明らかにし始めました。そこから１００％何もかもうまく行ったわけではありませんでしたが、ロードシンクはあるべき方向性を見出しました。最近の会社の時価総額は２・３億ドルとなっていました。

シチュエーションダイアグラムから真正の需要を得る

状況を図示することで、真正の需要がどのように現れ、それにダイアグラムの要素がどう連動するかが明らかになります。ダイアグラムに登場する人物は、その状況を維持しようと何とか対処しています。もしギャップが露わになると、人はそれを埋めようとするのです。たとえば学生は、学生であることを維持するために講義に出席するといった活動をしますし、それぞれの講義がいつどこで行われるか知るためのスケジュール表、という装置を持っています。状況を維持するため、学生はスケジュールに無関心ではいられません。もしそれが紙に書かれていて、学生がそれをなくしてしまったら、ギャップが露わになり、学生はあちこち探し回るでしょう。真正の需要は、そうしたギャップを埋め、状況を維持するために存在します。しかし顧客はそれを、何かの物体（ここでは紙）への要望として表現します。

イノベーターにとって本当に求められているのは、紙のスケジュール表やその他の装置（プロダクトやサービス）ではありません。そういったモノを通じて特定の状況で達成される「ギャップの解消」です。モノに対する需要を需要として考えるのは、手軽ですがミスリーディングです。正確に述べるなら、モノを通じて埋められるギャップに対する需要です。需要をモノに対するものと考えると、市場規模が不明瞭になりますし、市場における他の選択肢でギャップが埋められ手遅れになるリスクも見えづらくなってしまいます。

これはマーケティングの世界では常識です。「顧客は4分の1インチ用のドリルを購入するのではなく、4分の1インチの穴を購入するのだ」という格言はセオドア・レヴィットのものですが、似たような言葉は少なくとも100年前にさかのぼることができます。プロダクトそのものを売るのではなく、顧客の課題に対するソリューションを売るという考え方は今や常識となっています。こうした常識は、マーケティングや営業においてはとても参考になります。マーケティングや営業は、真正の需要が妥当なものだと分かった上でピッチをすればいいのですが、イノベーターはそのもっと手前の段階で問題に取り組む必要があります。

ダイアグラムを使う

分析的な側面について言えば、シチュエーションダイアグラムは状況のつじつまを正確に合わせられるようデザインされています。私達はみな状況を理解しようとします。ある状況の「意味」を捉えるということは、その状況がどのように「機能する」のかを（しばしば無意識のうちに）自分自身に説明する、という行為を含んでいます。通常はそこで何かが起こっていて、人々が関わっていて、何らかの装置があり、様々なアクションがなされる手段（チャネル）が存在します。私達はその意味づけに対して頻繁に、直感的な思考によって「なぜ」（why）を挿し込もうとします。「あの車が割り込んできたのはドライバーが嫌な奴だからだ」とか、「あの人があのシャツを買ったのはお金を節約したかったからだ」といった具合に。シチュエーションダイアグラムからバリュープロポジションのブロックを取り除いたのは、実質、自然発生的に起こる意味づけのプロセスから「なぜ」を取り除いた、ということです。このフォーマットに従うことで、イノベーターは「何を」（what）と「どのように」（how）をもって意味づけできるようになり、「なぜ」を考慮しないで済むようになります。

このダイアグラムは戦略的イノベーションの主要部分を成します。気づき、問いかけ、物事を見直し、そして、新たなものの見方を踏まえて更なる気づきを得る、という活動の繰り返しにおいての基盤となります。エビデンスが生じると、戦略的イノベーションを行うイノベーターはそれを考慮してダイアグラムを調整し、それを、反証の余地がなくなり、説明の修正が必要なくなるまで繰り返します。シチュエーションダイアグラムを使って状況を完全理解できるところまで到達することは絶対ありません。私達が人間に起こることを正確に知ることは不可能であり、その行動を１００％の正確さをもって予測することもできないからです。しかし、十分に練られたシチュエーションダイアグラムは他の手法よりも、潜在顧客を理解し、予測する上で信頼できます。

感情的な側面について言えば、シチュエーションダイアグラムは人々の苦悩を浮き彫りにする道しるべです。人は常に、しかるべき状況に到達し、それを維持しようとします。それはすなわち、人は常に状況に到達できず、維持することができない、ということです。そこには常に痛みのような感情が伴います。ダイアグラムはそのペインがどこにあるのかを示してくれます。〝not not〟の網は、人が何かしらの状況にたどり着こうとしながら、それによって他の何かに到達あるいは維持できなくなってしまう様子を捉えます。あるいは、人々が何も対処できなくなる状態をさらけ出すのです。

ダイアグラムの感情的側面は重要で、イノベーターの役割、つまり、どうしてイノベーションを起こすのか、に問いを投げかけます。イノベーターは技術的な試行錯誤をすると発明家になります。しかし、ただ思いやるだけで、戦略的にイノベーションを起こすことができます。顧客が心の底から大切にしていることに、自分たちの思いを一致させなければなりません。この「思い」という言葉には2つの意味があります。関心を向けること、そして大事に思うことです。イノベーションはその2つにまたがって存在します。イノベーターは潜在顧客の置かれた状況に関心を向けることで、人々の"not not"を理解し、非無関心に気づくことができます。イノベーターは顧客の置かれた状況を大事に思うことで、その状況にある彼らの苦しみを和らげようと心を突き動かされるのです。

第11章　ＤＰＩで真正の需要を明らかにする

メリックがアックマンに、ドックに足を運んで、そこで注目を集められるか試してみるよう提案したとき、アックマンは尻込みしました。彼にそれをさせるのに数週間かかり、その間ずっと説得し続ける必要がありました。前章では彼の心理的抵抗について語りました。大きなリスクを覚悟して会社を始める、あるいは新しいプロダクトやプロジェクトをローンチする、と決意しているときに、どうして更なるリスクを取って自らのアイデアが良くないとわざわざ知らないといけないのでしょうか？確かに、この「アイズワイドシャット」な（眼を開いているのに見ようとしない）アプローチは非合理的です。しかし知識の呪いや確証バイアス、その他の認知的錯覚の存在でアックマンはそれを合理的に感じてしまったのです。アックマンが当初そうだったように、疑問を持たず、既に答えを知ってると思い込むのは誰にも起こりうることなのです。あるいは、肯定的な回答しか返ってこない質問（「すみません、多額のお金を節約できる製品についてどう思いますか？」など）をしたりします。あるいは、自身が確証を得られることばかり耳に入れ、そうでないものを、特殊な、あるいは限定的なケースだとして無視したりします。何も学ばないままで終わってしまうルートはいくらでもあるのです。

フラッシュポイントで私達は、こうした落とし穴を可能な限りやり過ごせるよう計算されたアプローチを開発しました。それをＤＰＩ（Documented Primary Interactions、「文書化された一次対象の対話」）と呼んでいます。ＤＰＩは将来のイノベーターと潜在顧客（もしくは、潜在的なサプライヤー、投資家、従業員など、他の潜在的なステークホルダー）との対話です。ＤＰＩは必ず、

・文書化されなければなりません。これにより、計画を立て、評価し、常に記録された状態にすることが可能になります。ここでいう文書化には、ＤＰＩを実験として事前に行うデザインや、実際に何が起こったかの記録（なるべくなら録音や録画が良いが、無理であれば直後に書かれたメモ）を含みます。他にも、必要と思しきあらゆるログの収集や、後でアクセス可能にするためのタグ付けも含みます。

・その状況のさなかにいる当事者によって行われたものでなければなりません。専門家その他の外部の人間が、自身が関わっていない状況を述べたものであってはなりません。一次対象とは、実際にその状況の中にいる人々を指します。二次対象は、知り合いや仕事仲間がどのように行動しているかについて話す人々のことです。三次対象は研究レポートやアンケート結果です。ＤＰＩは一次対象にのみ焦点を当てます。

・非無関心に関する情報を得ることを意図した対話であるべきです。これはしばしば、規範を破るような行動や発言を伴います。それにより、対象の人物が変化に対して無関心かどうか検証するのです。

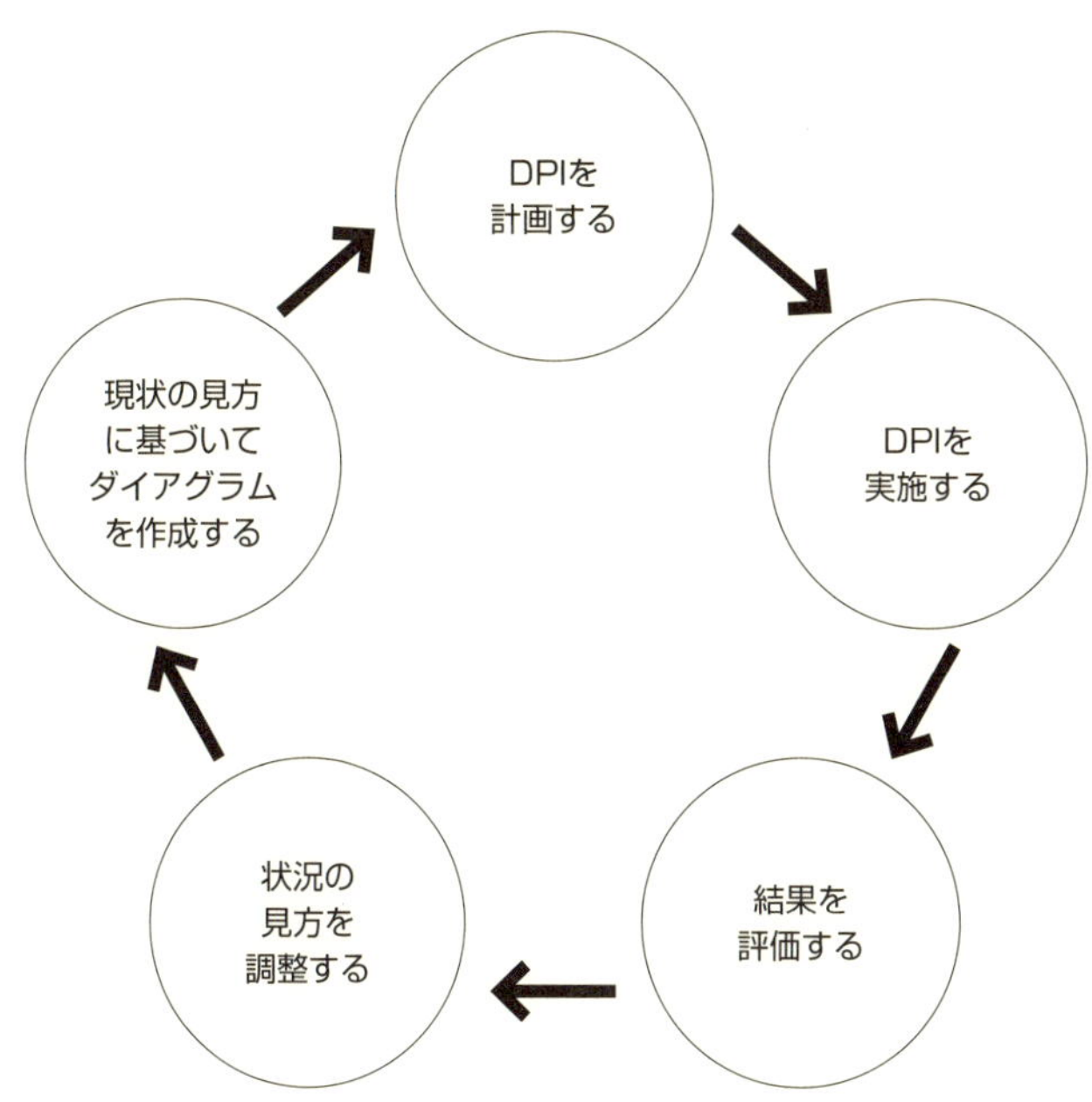

図11.1　DPIのサイクル

ＤＰＩは戦略的イノベーションのプロセスに含まれる対話1つだけを指します。このプロセスでは通常、別個に行われた200～400の対話が必要で、通常3～6か月の期間を要します。図11・1にあるように、ＤＰＩの結果はシチュエーションダイアグラムの入力となり、それによってダイアグラムを調整し、更なるＤＰＩで何を探索するかを明らかにします。

ＤＰＩは3つの密接に関連した機能を提供します。1つめは、シチュエーションダイアグラムのコンテンツを提供することです。ここで私達が理解し受け入れるべきは、ほとんどの行動は事前の計画や分析では決まらず、状況の中にある無関心と非無関心によって決定する、ということです。したがってDPIは、誰かが自身の状況をどう考えているか明らかにするものではありません。それはイノベーターが、その状況における無関心と非無関心をどう捉えているか解明し、ストレステストするためのものなのです。それによって信頼の置けるシチュエーションダイアグラムを構築できるようになります。たとえば、釣り用のボートに乗っている人がセーターやフリースを着ることには無関心かもしれませんが、タキシードや全裸なんて恰好をするのはさすがに無関心ではいられないかもしれません。

状況をダイアグラムの構造に落とし込むには、装置がどのように使われるのか理解する必要があります。人々は装置の力を借りて状況に対処しています。もしイノベーターがその状況をあるがまま理解しないと、容易に装置が果たす役割を誤解してしまいます。装置の利用可能性も限界も状況と密接に関連しています。（マッドパイを思い出してください。）

機能の2つめは、どうすれば顧客の状況の有意な一部になれるかを学ぶことです。最初のうちは、イノベーターが起こすイノベーションは状況の外にあり、そこにいる人々にとっては無関心の対象です。状況の一部になることで、その状況における価値を生み出すことが可能になります。

3つめの、恐らく最も重要な機能は、イノベーター自身が変革し、イノベーターの組織が顧客の状況の有意な一部となるようサポートをすることです。最初のうちは、どれほどの大胆なアイデア、クールな技術、経験、そして自信を持ち合わせているかに関係なく、イノベーターが起こすイノベーションは状況の外にあり、そこにいる人々にとっては無関心の対象です。DPIは、個人あるいは組織が変革するプロセス、つまり、問題のシステムの一部ではない何かから、一部である何かに変わるプロセスの中心に位置します。

戦略的イノベーションセンター（the Center for Deliberate Innovation, ＣＤＩ）では、ＤＰＩを実施するための詳細な、ステップバイステップの手順を開発しました。その成果の修正版が本書の付録に掲載されています。しかしＤＰＩは、実際に利用する過程においてこそ最もよく理解できるものです。次に示す、メアリー・リン・レルフがＤＰＩを使用したストーリーを読めば、その過程がどんなものか、下手な解説よりも理解できるでしょう。

実例：チームダイナミクスを気にかける

フラッシュポイントを経験したビジネスパーソンとともに、ジョージア工科大の戦略的イノベーションセンター（ＣＤＩ）は大学人を受け入れました。メアリー・リンはその中の一人でした。そのとき集まったのは教授やプロのスタッフで、学術界でイノベーションを起こすことを目的としていました。メアリー・リンの経験はＤＰＩを使って真正の需要を発見した1つのケーススタディです。[1]

メアリー・リンは、とある大きな研究系大学の工学部教授で、所属学部の学部長補佐でもあり、材料工学を専門としていました。チームダイナミクスとコラボレーションは彼女の分野ではありませんでしたが、今や彼女はその分野の専門家でありトレーナーとして引っ張りだことなりました。工学部、大学全域、そして他大学の教授陣すらも頻繁に彼女を呼び、彼女か、あるいは彼女が鍛えたアシスタントに助けを求めました。これまで2つの企業が彼女に接触し、彼女の手法に基づいてプロダクトを作ることを熱心に提案しました。しかし、以前からそうだったわけではありません。

5年前、メアリー・リンは工学のクラスで教鞭を取っている間、学生たちがチーム分けに不平を言うことがいつも気がかりでした。多くの大学のコースでは学生をグループ分けしてプロジェクトに取り組ませます。プロジェクトが個人では達成不可能な内容だったり、高額な装置を使う必要があって、学生一人ずつ別々に使わせるのが難しかったりするからです。メアリー・リンが何かのプロジェクトで学生をチームに分けると、次に起こるのは決まって、喧嘩が始まったり、誰かがサボったり、誰かが全部自分一人でやると言い出したり、といったことでした。与えた課題そのものよりチームワークやコラボレーションに関する問題の方を優先して解決しなければならなかったり、場合によっては課題なんてやってる場合ではなくなったりしました。学生たちは授業中や面談の最中、ティーチングアシスタントとの会話中にその問題を取り上げ、学期末のアンケートで否定的なレビューを書くのが常でした。その問題で学生たちを助けようとする人は誰もいませんでした。

　メアリー・リンは、学生が課題に取り組む様子を特に気にかけるタイプの教授でした。彼女は工学部の教授でＭＩＴ卒ですが、チームダイナミクスに関しては何ら専門の経歴を持っていませんでした。しかし彼女は、チームで課題をこなす学生たちを指導する上で知っておくべきことを、果敢に学んでいきました。そこには多数の研究があって、研究を基にした実践的なアドバイスもあり、この問題でも使えることがわかりました。（もしこの件についてもっと知りたければ、"effective team dyanmics" あるいはＥＴＤで検索してみてください。[2]）何年もかけて、メアリー・リンはＥＴＤでの専門性を磨き、その分野で自身の貢献を積み上げ、そのテクニックを大学で利用し、トレーニングメソッドを開発しました。彼女の成果は目を見張るものでした。彼女のアプローチを学んだ人は、協調して働くことがシンプルにうまくなりました。

メアリー・リンが見てきたように、もし学生にチームで課題をこなすように言いつつトレーニングを一切しなかったとしたら、彼らはたいていひどい体験をすることになるでしょう。喧嘩したり不平を言ったりする一方で、大学側が本来目的としていた学習成果の類は得られないのです。

大学全体を見渡してみると、この問題はそこかしこに広がっていました。多くの授業でチームワークの類が必要で、そしてそのほとんど全てで、チームが共同で課題をこなせない、といったことがあまりにも頻発していました。問題は深刻であり、そこら中にありふれていました。そんな中彼女は、有効な手立てを得たのです。たった数時間で、彼女は学生たちに、この問題の大半を解決するテクニックを教えることができました。それは、真の問題を真のプロダクトが解決する典型例でした。

しかし、その後数年の間で、メアリー・リンはどんどんフラストレーションを溜めていきました。彼女は学生たちに、チームを効果的に機能させる方法に興味を持ってもらおうとしました。「チームメイトとときどき喧嘩してない？ チームで一緒により良く働く方法を学びに来ない？」と、彼女は学生たちに言いました。学生たちはチームでの体験に問題が多いことにはすぐ同意するものの、それをどうにかすることに関しては無関心でした。彼女が感じたフラストレーションは、ジム・バルコムがハミングバードで、アックマン・ヴァンメリーがトラック運転手に対して感じていたのと同じ類のものでした。彼女らは皆、自分たちが提供するものにもっと需要があると思っていたのに、プロダクトを改良したり、潜在顧客になぜそのプロダクトを使うべきか説いたりしても、需要を喚起することはできませんでした。

これこそが、私達がメアリー・リンに会ったときに彼女が遭遇していた状況でした。ＣＤＩに参加して、メアリー・リンとＥＴＤのトレーニングを積んだ彼女のアシスタントは、学生、教授、職員たちと数百回のＤＰＩを実施しました。案の定、彼女が直面したのは無関心でした。彼女は、観察して得た学生たちの状況を並べていきました。複数の発話行為（ある種の行動）が確認できました。「サボりと一緒に作業しないといけない」、「結局、自分が全部こなさないといけなくなった」、「教授に文句を言ったら『君も実社会に出たらチームで仕事をしないといけないんだから、自分で何とかしなさい』と言われた」、など。その問題がしょっちゅう起こることはみんな同意していました。しかしそれだけでした。学生たちはトレーニングを受けに来ようとはしませんでした。彼女は教授陣とも話しましたが、彼らが返してきた言葉は「シラバスに新たな講義を追加すべきタイミングではない」とか、「学生も職を得たらその手のことに自分で対処しなければならなくなるんだし、そういうやり方を学んでいくべきだ」とか、「チームで働くことを教えるのは私の仕事ではない。私の仕事は「材料科学／機械工学／物理学／その他何か」を教えることだ」といったことでした。

ほとんど全員が、明らかに問題の兆候（喧嘩だったり、まともな成果が得られなかったり）があることに同意しました。それでも彼女が対話の中から得たのは無関心以外の何物でもありませんでした。人々は問題についてはすぐ語ろうとしますが、解決方法には誰も関心を抱きませんでした。顧客の視点から課題を理解することは非常に重要ですが、それで十分なわけではありません。人々が語る問題は、本来の問題を正確に説明するものではありません。それは、問題を彼らがどう捉えたかを説明するに過ぎないのです。彼らの言葉は、彼らが問題にどう対処したかを反映したものであり、同時に、彼らは実際にそういう考えに基づいて問題に対処してきたのです。そこの違いは時に微かなものです。

ですが、極めて重要です。なぜなら、人が自分の状況をどう理解したか、と、他者からその状況がどう見えるかの違いを見定めることは、真正の需要にたどり着く道を切り開くことにつながるかもしれないからです。

その違いを意識するのは難しいかもしれません。最初にメアリー・リンが「サボりと一緒に作業しないといけない」という不平を聞いたとき、彼女はすぐその状況を自身のものとして考え、チームがどうすればサボり魔にうまく対処できるかについて考え始めました。しかしメリックとの面談の中で、メリックは「サボり」という言葉がどこから来たのか彼女に尋ねました。その答えは数百のＤＰＩの中に残されていました。学生たちは頻繁にその言葉を使っていました。メリックは、本当にそういう「サボり」がいたのか尋ねました。

メアリー・リンは調査し、そんな人物はいなかったことが判明しました。「サボり」とレッテルを貼られた学生たちは基本的帰属の誤りの犠牲者でした。課題をこなしている学生は、チームの誰かが課題をやっていないと、それをその人の性格のせい、つまり「仕事をサボるのはそいつがサボり魔だから」だと決めつけていました。しかし、サボり魔と思われた学生たちは、実際には放課後に仕事を抱えていたり、子供がいたり、あるいは言語の問題を抱えていたりしたのです。犯人は性格ではなく、状況だったのです。この洞察はメアリー・リンのＥＴＤプログラムに組み込まれました。

ＣＤＩで活動するうち、学生たちの状況は少しずつ明らかになっていきました。アックマンがドックで荷主と荷役作業員からもらった反応と同様、学生たちはメアリー・リンの提案に無関心でした。それは、ＥＴＤを学ぶことが彼らにとって価値がないことを（必ずしも）意味しません。しかし、その問題を掘っていくにつれ、彼女は袋小路に追い込まれてしまいました。まさに、行き詰ってしまったのです。明らかに、彼女が対話した学生は2つの状況のうちどちらかにいました。つまり、そういう機能しないチームに今いるか、いないかです。もしそういうチームに今いないのなら、それは「双曲割引」という、多数の研究がされている錯誤の一種で、人がついやってしまう、非常に一般的なものです。人は遠い将来に悪い事が起こる可能性を過小評価したり、あるいは無視したりしてしまいます。（だから保険がなかなか売れないのです。）

もし、チームの機能不全と今格闘している場合、彼らは目の前の問題の対処に手いっぱいで、トレーニングや準備に興味を持てるほどの余裕はありませんでした。彼らは解決策を求めていて、解決策を見つける方法のトレーニングを求めてはいなかったのです。考えてみてください。取っ組み合いしている真っ最中の誰かに空手のレッスンを受けられるクーポンを渡そうとしたり、夫婦喧嘩の最中である誰かに良いファミリーセラピストを紹介しようとしたり、といった行為を。あなたに対して全く無関心ではなくとも、あなたが今提供しようとしているものに対しては無関心、ということが起こりうるのです。

ETDトレーニングを提供しようという申し出に学生たちが無関心なのは、メアリー・リンにとって紛れもない障害となりました。彼女は行き詰まりました。正しい「顧客」を見つけるとか、より良いピッチを行うとか、そういった方法でその障害を克服することはできない、とわかると、メアリー・リンは一旦立ち戻って、より包括的に状況を考え始めました。彼女は、その状況がどのように悪化していくかに興味を抱き始めました。彼女は自身の最終目標が手の届くものであると確信していました。大学では、常に新たな学習目標や新たな演習や講義が導入されています。だからＥＴＤがそうできないはずがないのです。ただ、今直面している状況においてどう実現させるかが見えなかったのです。なので、彼女は今までの状況をより詳細に見ていくことにしました。学生がＥＴＤの学習に興味を惹かれないことを考えてもきっと意味はない、と判断しました。彼女が疑問に思い始めたのは「学生は普段どうやって、自分が学びたいと思っていることを学びにくるのだろう？」ということでした。答えは明白です。学生は多かれ少なかれ、履修要件に従って履修科目を決めます。自分が興味を持っているかどうかは関係ありません。彼らが学習するのは、その科目が「彼らはシラバスにあるものを学ぶ学生である」という状況の一部であるからです。だから学生がもっと効果的にチームメンバーとして振る舞えるようになるための方策は、ＥＴＤを履修要件に入れることです。ＥＴＤのトレーニングの成果、つまり「チーム内で効果的な働き方ができること」が必要であるとされれば、暗黙的にトレーニングが履修要件に含まれることになります。それは教授陣が教えていないことでした。

この洞察に基づいて、彼女は目標を学生から教授にシフトさせました。今振り返って考えればこれは当然の動きに思えますが、当時のメアリー・リンにとってはそうではありませんでした。彼女の頭の中では、教授たちは問題の一部と認識されていて、解決策の一部になるとは認識されていなかったのです。学生とその状況には存分に注意を向けてきた一方で、教授には十分な注意を払ってこなかったのです。

それでメアリー・リンは、大学の教員たちと以前行ったＤＰＩの記録を見返しました。彼女は彼らに対して「あなたの学生はチームワークやコラボレーションで問題を抱えていますか？」と質問していました。もちろんそうでした。彼女が対話したほとんど全ての教員が、何かしらその問題について語ってくれました。彼女はその回答を最初から期待していました。「オーケー。それであなたはその問題に関してどうしますか？」という共通質問に対する回答は「実社会では協調して働かないといけないんだから、そのようにする必要がある、と学生たちに話します」といったものでした。こうした会話はこの数か月の間に何度も起こっていましたが、そうした会話の後メアリー・リンは大抵、どうしようもない衝動に駆られてセールストークを始めてしまっていました。そのとき、彼女は礼儀正しい言葉を使ってはいましたが、結局「ふん、馬鹿が。お前はこれとこれとこれを教えればよかったんだ。それができないなら、どうしてクラスに私を招いて私に教えさせないんだ！」というのを言いたくて仕方なかったのです。

彼女はセールストークを何度かやってしまっていました。そうしないでいるのは難しい事でした。しかし、彼女はそこでいつも、ある種の無関心な反応をされていました。さらにＤＰＩを使いこなし始めると、彼女は、何かを分からないままでいる方法がわかるようになろう、と考えるようになりました。「顧客のことを、顧客自身が知っている以上に知れ」という言葉を思い出しました。しかし、この言葉が真に意味するところは何なのでしょうか？　このケースにおいて彼女が考えたその答えは、教授たちが、何かを教えることは引き受け、別の何かを教えることは引き受けない理由が何なのか、を知ること、でした。

メアリー・リンは、シラバスには厳密には載っていないことを教授たちは教えるのかどうか、あるいはどういった条件なら教えるのか、を理解すべく彼らとの対話をスタートさせました。彼女は教授たちが、慣れない装置の使い方を学生に忍耐強く教えていることを耳にしました。前のコースで習っておくべき計算の仕方を知らない学生の計算を手伝っている、とも聞きました。あるいは、複雑な問題を創造的なやり方で考える方法を教えるために教授たちが予定外の時間を使っている、とも聞きました。ある教授は、そうしたエピソードをひとしきり話した後、「面倒見の悪い教授だと学生に思われたくないんだよ」と言いました。「面倒見」という言葉は今まで全く出てきたことがありませんでした。確かにメアリー・リンは言ったことがありませんでした。彼女はそれをメモに書き留め、さらに深堀りしてみることにしました。

次の会話で、彼女は「面倒見のいい」とか「親身な」とかいった類の言葉に耳を澄ませていました。何度も何度も、そういった言葉を聞くことができました。学生のことを気にかけるとか、学生から面倒見の良い教授だと見られることが重要なんだとか。メアリー・リンは、自身のチームダイナミクスに関する成果を話すとき、教授たちを意図的に挑発して、学生が面倒を見られていないと感じてないか不安を表明させるようになりました。

メアリー・リンがＤＰＩを実施して最初の数週間は、学生のことに焦点が当たっていました。彼女は大学職員ともＤＰＩを実施していましたが、非無関心に気付かなかったか、あるいは呼び起こすことができませんでした。ゲーミフィケーションによってもっと魅力的なトレーニングにするなど、別の手段もやってみましたが、手詰まりになってしまいました。次の6週間、彼女は教授たちへの対応に集中しました。最終的に、メアリー・リンは状況を理解し、その状況の一部になることができました。

DPIとは終わりのない対話で、そこで彼女はなるべく自分が言葉を発しないようにしていたし、特定の方向に相手を誘導しないように最善を尽くしていました。当初は自身の専門性を売り込んだりしていましたが、うまく行きませんでした。しかし新たな理解を得て、彼女は別の宣伝を試せるようになりました。「実社会で必要だからといって学生にただ自分で何とかしろと言ったりすると、学生はあなたを面倒見が悪いと思うようになります。知ってましたか？　あなたのクラスで私に2時間頂ければ、私がお力になれますよ」といったように。反応はもはや無関心などではありませんでした。

このシンプルで、明らかに思えるピッチができるようになるまで約3か月、数百回のDPI、注意深い傾聴、そして困難を伴う再考が必要でした。文章を読んだだけではそんな風には思えないでしょう。しかし行動の変化は劇的でした。ある教授は、スケジュール帳を取り出し、どれくらい早く自分の授業に来てもらえるか尋ねてきました。他の何人かもこのことをあちこちで話題にしたようで、その後から彼女には、ETDを教えに来てほしいと一方的な電話がかかってくるようになりました。程なく、メアリー・リンと彼女のトレーニングを受けた人々は需要の大きさに圧倒されるようになりました。彼女のチームトレーニングサービスに対する需要は、工学部から他学部へ、職員のチームへ、大学院へ、そして他大学へと拡がっていきました。それは今なお続いています。

第12章　あなたの深き歓びと世界の深き飢え

この本は、フレデリック・ビューヒナーの言葉を言い換えるところから始まりました。「イノベーターであるとは、自身の深き歓びと世界の深き飢えが出会う場所に召されし者である事を意味する」。本書を通して私達は、イノベーターは行き詰まるものであり、イノベーションは必要以上に何度も失敗するものであること、それはイノベーターが自身の深き歓びに注意を向けすぎ、世界の深き飢えに十分な注意を払わないからであること、を主張してきました。

そのことを、いくつもの事例を通じて見てきました。ハミングバードの魚群探知機の事例では、より良い魚群探知機を作る歓びが週末の余暇への飢えを見えなくしていました。GMRの事例では、ハードディスクの面密度を向上させる革命的な技術を創り上げる歓びが、高い信頼性への飢えを隠してしまっていました。メアリー・リンの事例では、学生をもっと効果的にコラボレーションさせる方法を明らかにする歓びが、教授たちが学生から面倒見が良いと見られたいとする深い飢えを隠していました。私達はまた、こうした隠された「飢え」（真正の需要）を明らかにすることがイノベーションを成功へと導くことを見てきました。キベラでの、恥を逆手に取ってプライドへの飢えを取るシンプルな閃きから、WebSphereをローンチし80億ドルのビジネスに成長させた複数の"not not"を連携させる複雑な仕組みまで、様々ありました。

私達は、どのように飢えが隠されるのか、その仕組みの一部を詳しく見てきました。バイアス、認知的錯覚、そして概念的な環世界によって、真正の需要が見過ごされたり気づかれなかったり無視されたりして、すぐ目の前にあるのに見えなくなってしまうのです。趣味の釣り人が趣味に夢中になること以上に明白なことは何か？　あるいは、スピンバイクのクラスを取る人たちがスピンバイクのクラスに夢中になること以上に明白なことは？　しかしそれを認知フレームの中で見えるようにするのは困難です。最後に、私達は、イノベーターが自らの盲点を覗き、自らの深き歓びによって満たすことのできる深き飢えを発見し、イノベーションの回路をつなげるために役立つ文化やツールの側面について述べてきました。

マットにとって、目の前にあるのに見えなかったものの一つは無条件の肯定的関心でした。メリックが最初そのアイデアを説明したとき、マットは「ふーん、まあいいんじゃない？　僕らが築き上げたフラッシュポイントの文化にいい感じに混ぜておけばさ」くらいに考えていました。それは素敵で無害で、イノベーションに何ら影響のないものに思えました。後になって、無条件の肯定的関心の中に同僚たちを置くことは必須だとわかってきました。人は自身の盲点を自分で覗くことはできないので、誰かの助けが必要なのです。そしてそのために、徹底的な本音の文化が必要でした。しかし無条件の肯定的関心がない徹底的な本音は、慎重さと恐れの文化を生み出してしまいます。それは本来必要なものとは真逆です。

それは理に適っていました。しかし、どうして無条件の肯定的関心がイノベーションを生み出す作業の絶対的中心となるのか、気づくにはもっと時間がかかりました。同僚は重要ですが、決定的に重要なのはそれを顧客に適用することでした。何か発明を思いついたとして、人々の前でそれを打ち明けると、2つのことが起こりえます。彼らがそれに無関心か、そうでないかです。もし本当に無関心だったら、おしまいです。例えば、彼らが既に満足するだけの魚を捕まえていたのなら、それ以上の魚を捕まえられるどんな装置にも、たとえそれがどれだけ精巧なものだったとしても、彼らは無関心でしょう。しかし、もし非無関心であるなら、そこに真正の需要があるなら、一定のレベルで彼らはそれに対処しているのだろうと言えます。ここで無条件の肯定的関心が必要となるのです。潜在顧客をそのように扱うという考え方には、彼らが既に自身の生活における専門家で、巧みに自身の状況に対処しているんだ、ということを受け入れる、ということが含まれています。もしその対処のしかたがどこか適切でないなら、それはほぼ間違いなく、他の何かに対処していることで身動きが取れなくなっているからです。無条件の肯定的関心と共に彼らと接すると、彼らが実際どのように対処しているか、そして彼らが対処しているものすべてに気づけるようになります。イノベーションは単に課題を解決するだけでは成功しません。顧客が今その課題を自分で解決していないのはなぜか、という問いに答えるような方法で課題を解決して初めて、イノベーションは成功するのです。

驚いたことに、戦略的イノベーションに関わった人たちにインタビューしてみると、それが彼らのイノベーターとしての業務にとどまらず、彼ら個人の生活にも多く影響した、という声を多数聞くことになりました。他者を、巧みに自分の生活に対処している人物としてリスペクトすると、自分が環世界の中で生きていて、自分を取り巻く数々の状況は他者を取り巻くそれとは異なっているのかもしれない、と考えるようになります。他者が、基本的帰属の誤りや確証バイアスのようなよくある過ちからバイアスに屈するのに気づくと、自分の中にも同じ普遍的な人間的欠陥があると理解し始め、より寛容になり、より多くの共通点を見出すようになります。そして、人々の行動が状況に結びついていることを理解すると、物事をより良く変える機会が現れ始めます。

私達はもっと「ビジネス的な」話も耳にしました。あるＣＥＯは、戦略的イノベーションがイノベーションから多くの「錬金術」を取り去って、注意深い思考がより重要となり、運はあまり重要でなくなった、と語りました。あるベンチャーキャピタリストは、私達がより優れた、明晰な思考を持つＣＥＯを輩出するので、フラッシュポイント出身の企業に投資するようになった、と語ってくれました。別のベンチャーキャピタリストは、フラッシュポイント・プログラムの経験者は、成功するビジネスへの道を直接的に切り開いていくので、出資ラウンドをスキップできる、と言っていました。

しかし何人かは、無条件の肯定的関心こそが最も重要なポイントだと言っていました。それが多くの人々にとって真実であることを私達は願っています。私達がこの本の原題を *The Heart of Innovation*（「イノベーションの心」）としたのは、私達４人がキャリアの多くをイノベーションの心、つまりイノベーションの本質を掴もうとするのに費やしたから、というだけではなく、「イノベーションには心がある」と私達が信じているから、でもあります。人々が、自分が何者であると感じ、何に献身しているか、が一方で、その彼らが利用可能なオプションがもう一方だとして、その２つの間に存在するギャップをイノベーターが見つけられたなら、彼らは人々をより完全な存在にすることができます。同僚やステークホルダーや顧客に対して無条件の肯定的関心で接することを通して、それを実現することは価値あるゴールです。

戦略的イノベーションは毎回イノベーションが成功することを約束しません。それはどんなコーチも全ての試合で勝つことを約束するものではないのと同様です。しかし、数十年にわたってイノベーションに成功も失敗もし、イノベーターのマネジメントを行い、彼らに投資し、メンタリングを行ってきた経験から私達が思うことは、私達はみんな、もっとずっとうまくやれるはずだ、ということです。イノベーターたちが手にコンパスを持っていて、練習し上達するためのテクニックがあって、実際に有能なイノベーターが何人もいて、有能さを運と区別できるような世界は、無駄はずっと少なく、イノベーションはずっと沢山成功しているような世界で、それは私達みんなにとって恩恵があるはずなのです。

付録　ＤＰＩステップバイステップ

この付録は、ジョージア工科大学戦略的イノベーションセンターの参加者たちによって開発された非公開のワークブックを基に作成されています。

ＤＰＩのプロセスにはいくつかのステップがありますが、何かしらのシナリオに従えばよいとか、特定の質問項目に答えていけばよいとか、そんな風に手順化されているわけではありません。プロセス内には創造性、勇気、感受性、共感力などといった人間性が要求されるポイントがいくつもあり、単純なシナリオにできるものではないのです。

表Ａ・１はＤＰＩプロセスに含まれる各ステップの概要ですが、何かしらのリスクや深い考慮を伴うものです。

表A・1　DPIプロセスの概要

ステップ	考慮すべき事項
1　何かしら経験のある領域を選ぶ	ドメインに対する専門性がなければ、重要なものを見逃がしたり、取るに足らないものを重要だと考えてしまう。専門性とは一般的に、そのビジネス領域で、営業もしくは技術開発にて少なくとも数年は働いたことがあることを指す。
2　そのドメインにいて、DPIを実施できそうな人を見つける	典型的なDPIプロセスでは、イノベーションを起こせると確信できる状態に到達するまで2、3か月かけ、1日数回のDPIをこなす。チームを構築し、1週間に20以上のDPIを実施する。対話する相手を見つけるのは、ドメインによって簡単だったり難しかったりする。（ショッピングモールにいる消費者と話すのは、フォーチュン500企業の副社長と話すよりは簡単である。）相手を見つけてDPIの予定を組むのは相当な創造性を必要とすることが多い。しかしDPIは概して潜在顧客に対して行う訳で、彼らを見つけ、彼らの注目を得る方法を考案するのは、DPIに対してだけでなく将来のビジネスのためにも非常に重要なことである。
3　どのように状況が構築されるかに関連する現象に気づく	ここでのコツは、実際の行動や環境に注意を払い、モチベーションや結果には注目しないようにすることで、そうしないと簡単に間違った方向に進んでしまい、行動をモチベーションや結果のレンズを通して見てしまうようになる。単に何が起こったかにだけ着目し、どうして人がそれを起こしたかは気にしない。ここでのDPIの利点は、このステップはどこからも、気づいたどの現象からも始めることができることだ。
4　何かの現象に気づいたら、それが安定して変わらず発生するのか検証する	これを実施するには、障害を置いてみて、人がそれを克服しようとするか、単に別のことに気が向くようになるかを見てみるとよい。たとえば、誰かが低価格品を購入したとして、もし価格が上昇したら彼らは買うのをやめようとするか観察してみる。もし購入をやめなかったら、価格は彼らが購入するか否を予測するために安定して使える判断材料ではないはずである。適切な検証方法を考え立案するには、それなりの創造性が要求される。

5　安定した現象を見つけたら、前後左右の向きの考察をして、その人物を取り巻く状況のイメージを構築する	前向きの考察とは、その現象が今起きなかったら、将来何が起こらなくなるのかに注意を払うことである。後ろ向きの考察とは、現在の安定した行動が現在起こっているのは、過去に何が起こったからなのかを調べることである。左右の向きの考察とは、同じ状況にいる他の人に注意を払い、その人たちの視点からどう見えるかのイメージを構築してみることである。
6　装置に注意を払う	状況の信頼できるイメージを構築しつつ、人々がその安定した状況を維持する際に使っているツールや装置に特に注意を払う。そのツールがどのような役割を果たしているか？　ツールがその役割を果たす上で問題となることは何か？　ツールは物理的なものかもしれないし、何かの物事を表す名前や過去に身についたスキル、身についた習慣、といったものであるかもしれない。ツールと装置については第10章でより詳しく説明している。
7　新たな装置を想像する	今後どうなるかを理解した上で、より問題が少なくなるようなツールを想像する。新ツールの機能はまさに今考慮中の状況から考案するのが望ましい。
8　新たな装置を導入する	新しい装置の紹介はひと言程度の簡潔さにまとめて、人々にその状況の理解を促すようにすると良い。MVPをそこに含めても良い。

状況を探る際には帰納的な推論、つまり、データや現象を一般化するような推論が逆向きの推論よりも要求されます。しかしコツは、一般化はなるべく後回しにすることです。代わりにすべきは、一般的な事項を何も参照せず、現象をつなぎ合わせて理解することです。

ＤＰＩの準備をどのようにするか

まず、何かのトピックやアイデアに関するＤＰＩを行おうとしているけれど、興味の中心にいる人物が見つかっていないなら、それはまだ準備が整った状態ではありません。

2つめに、ただDPIをやって、終わってから何が起こったのかを自分に問う、といったことは避けましょう。そうではなく、相手がどういう状況にいて、それゆえ自分が正しいのか間違っているのか、得られた情報を元に判断できるという期待を持って臨むべきです。

3つめに、DPIを実施する前に以下の情報を書き出して、後知恵バイアス[1]から身を守るようにしましょう。

1　DPIで誰にインタビューをしたいのか決めましょう。この人物はあなたが気にかけている対象であるべきです。注意深くその人物を、その人が置かれている状況を使って説明します。ただし、大まかに分類するといったことは避けましょう。私達は人間のことを性質で考えがちです。たとえば年齢、性別、人種、身長、体重などです。そうではなく、その人が置かれている状況やその人の経験に基づいて考えるのです。たとえば、「この人は調達のマネージャーで、新たなベンダーを考慮する際の採用基準のリストを持っており、そのリストの項目に対しては非無関心だと期待される」といったように行います。

2　その人物を見出せる状況を書き下しましょう。その記述には、理想的には、その人物が置かれた具体的な状況を含めるようにすべきです。たとえば単に「学生」とするのではなく、「学資の援助を失ったばかりの学生」などと書きます。人物が置かれた状況は、その人物が対処している何かです。その状況においてその人たちが何に無関心でいられないか、何に対してOKではないのか、を発見したいのです。

3　彼らは何をして、何をしていないでしょうか?

適切に行えれば、DPIの前にシチュエーションダイアグラムを作成することでその人物の装備や関係を特定できます。それによって、何か習慣的になされていることだったり行動(彼らがしている、あるいはしていないこと)を特定できます。それが、彼らの状況や、彼らがそれにどう上手く対処しているのかを理解する手助けになります。

4 見つけたいエビデンスをリストアップしましょう。

ミーティングで何を得たいのかについて強く意識すべきです。イノベーションがその人物の状況の一部になるためには、彼らがその状況に現在立ち向かっているやり方に何かしら問題がないといけません。その問題がどのように現れると予想しますか?

5 検証の計画を立てましょう。

探しているエビデンスを引き出すために何を言うか、あるいは何をするか、どのように計画していますか? 自身の仮説を否定するような反応を得ることはより価値が高いです。肯定的な事例は、自身が正しいという誤った自信を得る可能性があり、確証バイアスにつながります。ただ肯定的に回答だけを引き出すような質問は注意深く避けるべきです。(たとえば「お金を節約したいですか?」など。) 非常に多くの場合、こうした場面では否定的に考えることが役に立ちます。なので、Xについて気にかけているかどうかを尋ねるのではなく、Xがない状態での検証やシナリオを考えて、彼らが無関心を示すかどうかを観察するのです。

どのようにDPIに臨むか

上の立場であったり、相手を支配するような姿勢で臨んではいけません。たとえば、専門の研究者として臨み「今からあなたについて研究します」などと言ってしまうと、生産的な会話を生む状況は作りにくくなってしまいます。そうではなく、一段下の立場に立って臨みましょう。一段下とはつまり、相手の助けなしでは自分の苦労が報われなくなってしまう、ということを相手に示すということです。これこそが取るべき真正の姿勢です。DPIを行うことで、事実上、自分が彼らの状況に対して意味のある方法をまだ見つけられていない、と認めるのです。必要に駆られていて、誰かの支援が必要だ、という姿勢を取ることで、顧客に対して好奇心を持ち、心から興味を持つことができるのです。

可能な限り常に、DPIにはコミュニケーションを取る人と、観察をする人の2人で臨むべきです。どういったタイプの人物や状況を対象にするか決めたら、ランダムに対象の人を選ぶ方法を見つけましょう。もし見知った人ばかりを選んでしまうと、バイアスが入り込みやすくなります。理想的には、対象の人物を選出するプロセスは明確であるべきですが、ただし選出された人は事前に知らない人であるべきです。たとえばDPIを大学の教員と行う場合、学舎の中に入っていって反時計回りに進み、ドアが開いていて中に教員がいたらそこで足を止める、といった具合にします。

DPIで使用する質問

質問を決めましょう。DPIでの最初のやり取りは比較的フリーフォームなものです。まだ提案はせず、売り込みや、相手に何かしら影響を与えようとするのは避けましょう。目標は、自分がイノベーターであり、相手が潜在顧客として、相手が非無関心である何かしらの関係ややり取りを見つけ出すことです。DPIを行っている間、自分は（まだ）そこに到達していないことを自覚します。

DPIには強い意見を緩く持った状態で臨みましょう。強い意見を持つとは結局のところ、相手が非無関心となりそうなものに対してクリアな感覚を持つということです。（たとえば、彼らが学生を気にかけているように思える、といったことです。）それはさも「私達は・・・に気づき、それが重要だと考えました。しかし、もしかしたら間違っているかもしれないし、間違っていないかも」とか「この件に時間をかけて深堀りする前に、その状況下にいるあなたのような人と話したい」とかいったものになるでしょう。無音の状態が長くなることを恐れないでください。相手は質問をされるのを待っていて、自分が話す番だと自覚するのに時間がかかっている、といったことがよくあります。

要求特性とは、インタビュイーがインタビュアーの目的を解釈して、無意識に自身の行動をその解釈に合うように変え、「好ましい」評価を得ようとする現象を指します。DPIの過程において要求特性を防ぐのはほぼ不可能ですが、何か特定の回答を期待しているのではなく、ただ単に回答してほしいだけだ、と相手に示すように質問することは可能です。以下は要求特性を回避する3つの戦略です。

1　**Noを探す**　「これに取り組むのは何かしら意味があると私達は考えていたのですが、何度かの会話を経て、もうそのようには考えなくなりました」と話したとします。ここで、もし顧客が非無関心であれば「いや、ぜひ取り組むべきです。どうしてかお教えします」といった反応を示すかもしれません。

2 **同じことを何種類かの違う方法で問う** 違った質問を試し、同じトピックについて異なるやり方で聞き出し、非無関心のエビデンスが間違いなく妥当だということを確認しましょう。

3 **利害関係のない人に、自分に代わってDPIを実施してもらう** 時に、ただ自己紹介をしただけで要求特性を引き起こしてしまうことがあります。非無関心が妥当かを検証する一つの方法として、誰かDPIの成果と直接の関係を持たない人物にDPIを実施してもらう、という方法があります。その人は何の利害関係もないので、インタビューイーに余計な方向づけをしたり行動を変更させるような要求を持ち合わせないのです。

DPIを実施している間

開始する前に、会話の記録を始めましょう。この際必ず許可を得ましょう。当然ですが、重要なステップです。DPIの「D」は「文書化」を意味します。メモを取るのが得意ではないと（嘘ではない！）弁明をした上で、会話の内容を立ち戻って使った言葉に注意を払えるようにします。なぜなら、言葉が重要だからです。また、記録にノイズがない状態を維持しましょう。メモはバイアスや自身の意見、発言に対する解釈を入れ込んでしまいがちです。ビデオ録画が最善で、音声録音は次善の策です。必要であればメモを取る人を別に置きましょう。それらがすべて叶わないなら、箇条書きや備忘録のような形でメモをミーティング中に残し、終わった直後にもっと詳細な内容を書き出すようにしましょう。

以下は、DPIの間に気づくべき物事や行動です。

・もし相手が、自分が持ち出さなかったことを話題にしたら、それは観察に値するものです。そこで「私はAについて質問しましたが、あなたはBの話をしました。そのことについてもう少しお聞きしてもいいですか?」といった問いかけをしましょう。
・時に、相手が何かの機能を提案したり、プロダクトを思いついたように聴こえるときがあります。このようなことが起こったら、その機能について議論を続けるのは避けましょう。「興味深いですね。あなたがそんなことを言ったのは、私が何か言ったり何かをしたりしたからですか?」などと返しましょう。
・傾聴に多くの時間を割き、話す時間をなるべく少なくしましょう。
・相手が、ただ取引のようにする返答ではなく、何かを提示できる余地を残すようにしましょう。
・聞き返すような形で相手の言葉に耳を傾けましょう。相手が使った言葉を繰り返しましょう。それは相手に、自分では気づけなかったことに気づかせるのに役立ちます。「あなたが最後に言った中で~~という言葉を使いましたが、詳しく説明していただけますか?」
・「なぜ」と質問するのを避けましょう。嗜好や理由付けがあると、人は理路整然としたストーリーを語ってしまうのですが、これは一貫性バイアスを招いてしまい、その人物の現実を必ずしも反映したものになりません。
・基本的帰属の誤りに気を付けましょう。すなわち、返答が誰かの置かれた状況を説明するものではなく、その人の特徴を示すものだったときは警戒しましょう。
・何かを意味づけするようなストーリーには慎重になりましょう。それはフィクションを聞かされている兆候かもしれません。現実は短くまとまったような、理路整然としたようなストーリーにはなりません。人には理路整然としたストーリーを語りたがる生来の傾向があり、それを中断させるのは何ら問題ありません。
・相手が、自分でない誰かが経験したことは避けて、自身が直接経験したことに集中できるようにしましょう。
・相手の行動に注目しましょう。その状況に置かれている間、何をしていて何をしていないかをその人に語らせられますか？もしその行動を変える、あるいはやめるとしたら、相手は何を気にするかを適宜質問しましょう。
・非無関心に耳を傾け、無関心と区別する努力をしましょう。相手がさも、何かしないではいられないかのように反応していることはないですか？言い換えると、何かをしないことは気が進まない、といった行動や発話をしていませんか？（たとえば、荷主が夜よく眠れることに言及する、といったことです。）もしそうなら、それこそが掘り下げるべきものです。
・相手が何か重要そうなことに軽いジョークを言って話題を変えるようなことをしたなら、それは何かに対処しようとするメカニズムが働いたことを示しているかもしれません。
・時間が来たら、メモ帳を閉じて対話が終了したサインを送りましょう。そして、その場を離れる際、何か他に共有しておきたいことがあるか尋ねましょう。これは緊急性を醸し出すちょっとしたテクニックで、これによって、その場を離れる前にただ同じ質問をするより相手にプレッシャーをかけることができます。

DPIが終わったら

同僚と記録をレビューしましょう。

・相手が開示したキーアイテムをいくつか特定しましょう。
・いつ物事が語られたかを示すタイムスタンプをつけましょう。
・非無関心と思われることに気づきましたか？ どうしてそう思いましたか？
・DPIを同僚とレビューする際、それぞれお互いに、ゆっくりとしたペースで、現象に着目し、結論を急がないように声を掛け合いましょう。さもなくば、観察した事象に注意を払う代わりに、互いに一貫したストーリーを語り合うようになってしまいます。
・DPIの間に自身が何を言ったか、何をしたかに注意を払いましょう。そのときは明らかでなかった自身のバイアスや、目的に影響されてしまった行動に気づきましょう。
・相手が話したことと、（DPIの前に書き出していた）相手が言うだろうと期待していたことを比較しましょう。相手が期待通りのことを言っておらず驚かされることがしばしばあります。次のDPIに期待することを更新しましょう。
・DPIの記録と自身がつけたメモを残し、検索するためのシステムを作りましょう。50回目のDPIで聞いたのと同様の発言が2回目か3回目のDPIでもなされていて、しかし当時はそのことに気づいていなかった、なんてことが非常によく起こります。
・DPIを獲得するプロセスをレビューしましょう。改善したり無駄をなくしたりできますか？

DPIのサイクルを維持し、終了するまで

DPIは多大な労力を要したり、心が疲弊したりするものです。それを始めるときでさえも、イノベーターは、知識の呪いによって、もう市場も需要も理解しているからDPIは必要ではない、などと思い違いをしないようにしなければならないのが普通です。たとえオープンマインドで始めたとしても、無関心と非無関心の差を理解するのが難しいと気づくかもしれません。最も成功したフラッシュポイント企業であるフローレンス・ヘルスケアのCEOであるライアン・ジョーンズは、真正の需要に対する感情的な反応を実際に目撃し、継続するのに価値を見出せるようになったのは20回めのDPIだった、と言っていました。

この手法を学んだ実践者は、典型的には一週間におよそ20回のDPIを行います。量を増やすための鍵は、話す対象を特定し、スケジュールを組むプロセスを継続的に評価・改善することです。他のカスタマーリサーチよりDPIが優れている点の一つは、DPIは非常に短く、1回につき15分もかからないことです。

DPIのサイクルはいくつかのフェーズに分けられるのが非常に一般的です。立ち上げ期においては、きちんと練られたDPIのスケジュールを組むのも、実施するのも大変です。なのでイノベーターはわずかな、品質の低いデータしか得られません。DPIのスケジューリングも実施も実践を通じ

て改善することで、サイクルはジェットコースターのようになります。真正の需要と思しき感情的な反応をイノベーターは目にし、何かを掴んだと信じますが、さらなるＤＰＩを重ねると、それが矛盾していたり、潜在顧客は全く無関心で大した意味もないものだと判明します。こうした低空飛行をしていると、イノベーターは他の何かを目指そうとし、それで別の期待の持てる反応を得ます。今度は本物かもしれませんし、また別の骨折り損かもしれません。このサイクルは、イノベーターが諦めるか、何か否定しえないものを見つけ、そこにビジネスが構築できるようになるまで続くのです。

謝辞

私達は、寛大にも自らの人生や経験におけるストーリーを本書で使用することを許可してくれた人たちに感謝します。ジェーン・アチエン、ジム・バルコム、エリザベス・カットラー、ケネディ・オデデ、メアリー・リン・レルフ、そしてアックマン・ヴァンメリー。私達はまた、本書の各稿を読み、私達の原稿に何時間も費やし、価値あるフィードバック、賢明なアドバイス、そして精神的な支援をしてくださった人たちに感謝します。ジェームス・アルトチャー、ケンドラ・アーマー、デイビッド・チャノフ、エリック・ゴールド、パム・ゴードン、スーザン・ホップ、ニール・マレット、マイケル・マシエロ、そしてマイク・シャーツ。ルー・レフトンとナミ・ヴェルディアはジョージア工科大学の戦略的イノベーションセンターの仲間で、DPIを実施するためのハンドブックを提供してくれました。そのハンドブックは本書の付録におけるかけがえのない基礎となっています。

ダニーはメンターであり友人であるスティーブ・ミルズに感謝します。IBMの顧客に対する彼の聡明な直感に基づく洞察と深い知見によって、私達は250億ドル以上のソフトウェア・ビジネスを構築し、推進できました。ダニーはまた、ジョン・スウェイソンとドナルド・ファーガソン、ロバート・ルブランとヘレン・アーミテージにも感謝します。彼らはWebSphereの最初期段階におけるかけがえのない同僚で、あらゆる変革が直面する懐疑の目や抵抗を共に引き受けてくれました。

マークはメンターであり同僚でもあるエイブ・ペレド、ラルフ・ゴモリー、そしてブレント・ヘルパーンに感謝します。彼らは、10年展望と呼ばれるプロセスを通じ、マークがＩＢＭの研究部門に参加し、その役割を理解するのに尽力してくれました。それは、発明が必ずしもイノベーションとならないのはなぜかを理解する上での鍵となりました。

メリックとマットは同僚、メンター、そして友人たちに感謝します。彼らはイノベーションを教えてくれ、本書につながるプロジェクトや経験をさせてくれました。ラヴィ・ベラコンダ、ロバータ・ベリー、タル・コーエン、ジェームス・コールマン、リチャード・デイル、ダン・ドロズ、アンディ・フレミング、ズヴィ・ガリル、ジム・ガウアー、バーニー・グレイ、ジム・グロシュ、ヒース・ハイネマン、チャールズ・イズベル、ライアン・ジョーンズ、チャック・カプラン、エリ・カプラン、アニー・ライ、ジェフリー・レヴィット、ロンダ・ローリー、ジョン・マンディル、マーク・モルゲンシュテルン、ジグ・モスリー、ウェンディ・ニュースステッター、ロン・ナッシュ、オーギジー・パンデリ、ベス・ポリッシュ、チャンドラ・パウエル、トビー・ルービン、マイク・シャーツ、ベヴ・シー、クリッシー・スペンサー、ミード・シュターフィールド、そしてケヴィン・ウォズニアック。この人々は、文字通り数千の起業家、学生、そしてワークショップ参加者と共に、本書が本書たらしめるよう仕立て上げる力になってくれました。

言うまでもなく、すべての誤りや誤解は私達の責任によるものです。

訳者跋文

本書が提示している一連の問題提起や新たな提案は、既にお読みになった皆さんの中には、もしかすると奇異なものとして捉える方もいるかもしれません。何せ、新規事業開発なりイノベーション活動なり製品企画なりプロダクトディスカバリーなり、呼び名は企業や業界によって様々ですが、とりあえず何か新規プロダクトを作ろうとする際にはもはや当然のように用いられる「バリュープロポジション」（価値提案）や「ビジネスモデルキャンバス」といったツールの有用性を強く否定しているのですから。

もっといえば、価値、ベネフィット、便益、アウトカムなど、これも呼び名は様々ですが、それらを「プロダクトを作る際には当然考えるべき」という世の常識を否定し、むしろ「なるべく考えないようにすべき」とまで主張しているように読めるのです。

しかし、ともすると奇抜に見えるこれらのアイデアも、実は理に適っているものと捉える方もいるかもしれません。本書の中では軽く触れられているだけですが、著者らが提示している考え方の多くは、行動経済学や意思決定理論に強く影響を受けているように私には思えるのです。

ノーベル経済学賞を受賞したカーネマンのプロスペクト理論には「損失回避の法則」と呼ばれるものがあります。人の心理は「手に入れる」より「失う」ことを回避する方に強くインセンティブが働く、というものなのですが、たとえば本書の"not not"原則は、この「損失回避の法則」を極めて直感的な言葉にして、イノベーションを起こすための思考ツールとして再定義したもののように思われます。つまり、人の「手に入れたい」と思う衝動ではなく「失いたくない」という衝動に着目せよ、ということです。そうすることで、潜在顧客の現状維持バイアスを逆手にとってイノベーションの強力なレバレッジとして利用でき、かつ、イノベーターの側の確証バイアスを回避しやすくできるのです。

本書ではそうした学術的バックグラウンドをあまり深く掘り下げてはいませんが、その代わり、非常に多くの実例や逸話を通じて、その正しさを示そうとしています。どれだけ技術が優れていてもそれだけで世界は変わらないし、技術などなくても、小さなアイデアひとつで世界は一変する――そのことをありありと示してくれる数々のエピソードは、単にそこだけを読み物として読んでも十分に価値があるでしょう。私にはマッドパイのミームがまさに「目から鱗」でした。

もちろん、あらゆる手法は銀の弾丸とはなりえず、本書も例外ではないでしょう。しかし、本書に登場した多くのイノベーターのように、現在何らかの行き詰まりを感じている方にとっては、もしかするとそこから脱するヒントとなるかもしれません。

訳者謝辞

まず、多くの人々が見逃していた盲点を明らかにする貴重な書籍を書き上げ、世に送り出してくれたマット・チャノフ（Matt Chanoff）、メリック・ファースト（Merrick Furst）、ダニエル・サバー（Daniel Sabbah）、マーク・ウェグマン（Mark Wegman）の4人に感謝します。そして、私にとって事実上の元指導教官の1人であり、長年の友人でもあり、何よりこの本の存在に気づかせてくれたダニエル・ジャクソン（Daniel Jackson）と、奇妙な経緯ではありましたが、この本を訳すきっかけを与えてくれ、出版まで伴走してくださった担当編集の小西孝幸さんに感謝します。

また、ご多忙にもかかわらず翻訳原稿のレビューを快く引き受けてくださった、川中真耶さん、佐藤悠さん、廣野淳平さん、丸山宏さん、森雄哉さんに感謝します。多様なバックグラウンドを持つ皆さんの示唆に富む指摘が、本書の翻訳をとても豊かなものにしてくれました。

そして、私の人生をいつも応援してくれ、どう翻訳すればいいか悩んでいるときに時折ディスカッションに付き合ってくれた妻と、いつも私の心を癒してくれた3匹の猫たちに最大限の感謝を捧げます。

本書が、世界に変革を起こそうとしている国内の多くのイノベーター、革新的なプロダクトを世に送り出そうともがいている多くの人たちにとって一筋の光明とならんことを願っています。

2024年11月　今井 健男

原著者・訳者紹介

マット・チャノフはサンフランシスコを拠点とするエンジェル投資家で、メリック・ファーストと共にスタートアップスタジオであるフラッシュポイントを創業した。彼はまた、初期ステージの運送会社とサイバーセキュリティ企業の取締役を務め、さらに現在は貧困、メディア、教育といった領域で活動する7つの非営利団体の理事でもある。投資家としてのキャリアを積む以前は、マットは電器製造業界にて経営コンサルタントをしており、またテクノロジー・フォーキャスターズのチーフエコノミストも務めた。それ以前は全米民主主義基金のアジア向けプログラムのディレクターであり、またイリノイ州選出のポール・サイモン上院議員のスピーチライターでもあった。ジョンズ・ホプキンス大学高等国際問題研究大学院（ＳＡＩＳ）の国際政治経済学分野で修士号を取得。

メリック・ファーストはジョージア工科大学の特別教授であり、また戦略的イノベーションセンター（the Center for Deliberate Innovation、ＣＤＩ）の所長である。２０１１年、彼は創形的なリーダーと卓越したテクノロジースタートアップを育成するための、前例のない、戦略的イノベーションのスタジオであるフラッシュポイントを創業した。フラッシュポイントは世界で36番目のスタートアップアクセラレーターであり、それはビジネスアクセラレーターが発展し始めた非常に初期の段階に位置するものであった。メリックは２００６年よりアントレプレナーシップを革新的な形で教えている。彼はまた、カリフォルニア大学バークレー校の国際計算機科学研究所の元所長であり、それ以前はカーネギーメロン大学の教授で、学部長も務めた。フラッシュポイントとＣＤＩにて、メリックは数百の創業者・イノベーターと働いており、戦略的イノベーションの学問分野を開拓している最中である。

ダニエル・サバー博士は２０１５年の終わりに退職するまでＩＢＭのＣＴＯであり、同社 Next Generation Platform の本部長であった。彼はＩＢＭのクラウドプラットフォーム構築や、ＩＢＭにおけるクラウドとモバイルの開発方針のアラインメントに対する責任を担っていた。彼のＩＢＭでの研究者および開発者としての経歴は40年に及び、最終的にＩＢＭのソフトウェアグループでＣＴＯと、また様々な部門の本部長を務めた。２０００年代初期、彼はその革新的なリーダーシップにより、まだ普及する前のオープンソースにＩＢＭが進出する道を切り開いた。彼はまた、ＩＢＭのインターネットソフトウェア（WebSphere）での成功に大きく貢献した。サバーはロチェスター大学にて計算機科学を専攻し、特に人工知能とコンピュータービジョンを専門に研究して、１９８１年に修士号と博士号を取得した。２０１９年にサバーは同大学から優秀卒業生の称号を得た。彼はまたペンシルバニア大学ウォートン校からも学位を取得している。サバーは現在、ロチェスター大学の芸術・科学・

工学評議会の評議員であり、また同大学ハジム・ディーン諮問委員会の委員である。

マーク・ウェグマンはＩＢＭ、ＡＣＭ、ＩＥＥＥのフェロー、全米技術アカデミーの会員、そしてカリフォルニア大学バークレー校の優秀卒業生である。彼は主にアルゴリズム、情報理論、ソフトウェア工学の分野における１００を超える業績で論文を発表あるいは特許を取得しており、その引用数は１万７０００を超える。その業績の中にはあらゆるウェブブラウザー、あらゆるコンパイラ最適化に使用されているものもある。彼はまたバイオスペシフィックス・テクノロジーズの元取締役でもあり、同社が売却されるまでに企業価値を20倍に高めるのに貢献した。彼のＩＢＭでの業績の中には同社10年展望への参加が含まれる。そこでＩＢＭは業界の今後10年間の予測を試み、概ね成功させた。この活動を通じて、彼はイノベーション成功への理解に興味を持つようになった。

今井健男は元はソフトウェア工学やプログラミング言語、コンパイラ、機械学習工学といった領域に興味を持つ研究者で、株式会社東芝 研究開発センターにおける17年の勤務の後、複数のスタートアップ企業にてエンジニア・リサーチャーを経験した。現在はアジャイルコーチとして、様々な企業へのアジャイル導入支援やそれに伴うプロダクトマネジメント支援、プロダクト開発組織の組織設計、組織変革のコーチングを行っている。またその傍ら、国立情報学研究所の研究員として、主にアジャイルとプロダクトマネジメントの関係について研究を行っている。翻訳書（共訳）に『抽象によるソフトウェア設計 ―Alloyではじめる形式手法』（オーム社、２０１１年）、『型システム入門 プログラミング言語と型の理論』(同、2013年)。

原書と原著者らの更なる情報は http://Heartofinnovationbook.com/ で入手できる。戦略的イノベーション一般に関する情報は http://cdi.gatech.edu/ で入手可能である。原著者らの投資活動や企業開発の活動に関する情報は http://axuastudio.com/ で入手可能である。

https://www.researchgate.net/publication/33681401_The_Business_Model_Ontology_-_A_Proposition_in_a_Design_Science_Approach. 2023年３月26日（訳者は2024年10月２日）アクセス。

4 訳注: 試合における各選手やチームのパフォーマンスを数値で表したもの。各打者の打数や打点、投手の投球回数や奪三振数など。

5 訳注: RoadSync。同名の物流や輸送業界向けの決済プラットフォームを運営する企業。

6 ストーリーと言葉の引用についてはアックマン・ヴァンメリーの許諾を得ている。

第11章

1 ここでの物語や引用はメアリー・リン・レルフの許諾の元掲載している。

2 訳注: 直訳すると「効果的なチームダイナミクス」だが、日本語では専門用語としての定訳がない。「チームダイナミクス」は用語として確立している。

付録

1 訳注：あるできごとが起こった後で、その結果を予測していた、あるいは予測可能だったと信じてしまうバイアスのこと。

動強度の高いフィットネスバイク。

3 訳注: 特定のフィットネス活動やスタイルに特化した、小規模で高級感のあるフィットネス施設のこと。日本にも近年増えつつあるが、この呼称で呼ばれることはあまりない。

4 ストーリーと言葉の引用についてはエリザベス・カットラーの許諾を得ている。

5 訳注: 原文はnonindifference。

第8章

1 訳注：おそらくハーバート・サイモンのこと。1955年からカーネギーメロン大学にて計算機科学と心理学の教授を務め、1975年にチューリング賞、1978年にノーベル経済学賞を受賞している。

2 Daniel Kahneman, *Thinking, Fast and Slow* (New York、Farrar,Straus, and Giroux, 2011), 82ページより。（訳書：村井章子訳『ファスト＆スロー（上）』早川書房、2012年）

3 John M. Darley and C. Daniel Batson,"From Jerusalem to Jericho: A Study of Situational and Dispositional Variables in Helping Behavior", *Journal of Personality and Social Psychology* **27**, no.1 (1973): 100--108.

4 気質的・状況的行動の問題について最も包括的かつ一般的な議論を行っている文献 は、Lee RossとRichard E. Nisbettの *The Person and the Situation: Perspectives of Social Psychology* (London: Pinter & Martin, 2011) に見られる。

5 Raymond S. Nickerson,"Confirmation Bias: A Ubiquitous Phenomenon in Many Guises", *Review of General Psychology* **2**, no.2 (1998): 175-220.

第9章

1 Kim Scott, *Radical Candor：Be a Kick-Ass Boss without Losing Your Humanity* (New York: St. Martin's Press、2017)（訳書：関美和訳『GREAT BOSS（グレートボス）―シリコンバレー式ずけずけ言う力』東洋経済新報社、2019年).

2 訳注：業務その他の様々な活動を一定のリズムや周期（たとえば毎週、隔週、月次）で繰り返し実施すること、あるいはその周期の長さ。

3 訳注: 飛行機が飛行中に計測される、大気に対する相対速度のこと。

第10章

1 特定の分野における概念やその間の関係を体系的に定義・整理する枠組みのこと。哲学の「存在論」に由来。

2 Alexander Osterwalder,"The Business Model Ontology: A Proposition in a Design Science Approach"(PhD diss., Université de Lausanne, École des hautes études commerciales, 2004).

3 ResearchGateにあるアレクサンダー・オスターワルダーの博士論文の概要、

自立的自己修復的な動作をさす概念。言い換えるならば「頑健」。

2 Frank Hayes,"The Story So Far", reprinted in *Computerworld*, November 17, 2003. 以下のリンクにアーカイブが掲載されている。https://books.google.com/books?id=g5vMbMOTEE8C&pg=PA28&lp-g=PA28&dq=byte+magazine+the+story+so+far+pat-terson+raid&source=bl&ots=hTKSjfOsT5&sig=AC-fU3U19s5Z1f¥_FZdL7UH1t4O3bD2bsT8w&hl=en&sa=X-&ved=2ahUKEwiU6pz4zNT-AhWVElkFHQfkBho-Q6AF6BAgmEAM¥#v=onepage&q=byte%20magazine%20the%20story%20so%20far%20patterson%20raid&f=false. 2023年5月12日（訳者は2024年11月5日）アクセス。

3 Arthur Schopenhauer、*Essays and Aphorisms*、trans. R. J. Hollingdale (London: Penguin Books, 1970), 41.

第5章

1 訳注："For Want a Nail"と呼ばれる寓話。「釘一本の欠けたために、蹄鉄が失われた。蹄鉄が失われたために、馬が失われた。馬が失われたために、騎兵が失われた。騎兵が失われたために、戦いが失われた。戦いが失われたために、王国が失われた。そして、すべては釘一本のためだった。」

2 訳注：原文では"transformation"としており、これは辞書的な意味でも「トランスフォーメーション」あるいは「変革」となり、そのまま通じる。恐らく著者は変形的イノベーションとトランスフォーメーションの区別をつけずに使っている。以降もこの章では"transformation"は基本的に「変形的イノベーション」もしくは「変形」と訳す。

3 訳注：「変革をはばむ免疫機能」(immunity to change) はロバート・キーガン (Robert Kegan) とリサ・ラスコウ・レイヒー (Lisa Laskow Lahey) が提唱した概念で、個人や組織の変化に対して直面する無意識の抵抗のこと。"Immunity to Change: How to Overcome It and Unlock the Potential in Yourself and Your Organization" (Harvard Business Review Press; 1st edition, 2009)（訳書：池村千秋訳『なぜ人と組織は変われないのか――ハーバード流 自己変革の理論と実践』英治出版、2013年）を参考のこと。

4 William Ouchi、Theory Z: *How American Business Can Meet the Japanese Challenge* (New York:Avon Books、1982).

5 訳注: 原文はcommitment。

第6章

1 Steve Blank, *Four Steps to the Epiphany: Successful Strategies for Products That Win* (K&S Ranch, 2013). 訳書：堤孝志・渡邊哲訳『アントレプレナーの教科書: 新規事業を成功させる4つのステップ』翔泳社、2016年。

2 訳注: インドアのジムやフィットネスクラブで使われる、エアロバイクよりも運プでの経験に基づく。

7 "The Top 12 Reasons Startups Fail", CB Insights, https://www.cbinsights.com/research/report/startup-failure-reasons-top/. 2023年3月21日（訳者は2024年4月30日）アクセス。

8 訳注：プロジェクトを段階的に進め、評価ポイントで継続や中止を判断する手法のこと。

9 Theodore Levitt, *Marketing Myopia* (Boston: Harvard Business School Publishing, 2008). この有名な一言は実はレヴィットの書籍に登場しないが、アイデアそのものは様々な形で登場する。レヴィットも自分の授業で使用していたと言われている。

10 著者らはジム・バルコムと2011年から直接一緒に仕事をしている。会話の記述は記憶を頼りに、バルコムの許可を得て再現したもの。

11 訳注：米国人を指す俗語的で庶民的な"Yank"と、一般的で中産階級的な英国人風の"Dean"、という対称的な名前がセットになっているため。

12 訳注：マーケティングリサーチに使われる、少人数のグループに集まってもらい、特定のテーマについて話し合ってもらう手法。

13 訳注：ノイズ除去機能を調整するつまみ。

14 訳注：米国に拠点を置く世界最大のスーパーマーケットチェーン。

15 訳注：米国にある、釣具を中心としたアウトドア用品チェーン。

16 訳注：Employee Stock Ownership Plan（従業員による株式所有計画）。自社株を企業の拠出で買い付けて従業員へ配分する制度のこと。

17 訳注：米国では治安の面で不安があったり、通学に自動車が必須となったりする地域が多く、保護者が子供の通学を毎日何らかの形で見守るのが一般的である。

第3章

1 訳注：宇宙のごく一部でありながら、宇宙全体と類似したもの。ミクロコスモス。とても小規模なイノベーションでありながら、その形式は一般的なイノベーションと同様、と言いたいのだと思われる。

2 訳注：都市が無秩序に拡大したことで、周辺地域において住宅の供給や都市インフラの整備が追いつかなくなる現象のこと。

3 訳注：どの地方自治体にも属さない地域のこと。

4 この章での物語はケネディ・オデデの許可を得て、彼との複数の会話やキバラでの個人的な経験を組み合わせたものである。

5 訳注：状況に応じてスタイルを変化させるようなリーダーシップ。

6 訳注：正しくは次のサイトを参照されたい。https://www.ibm.com/downloads/cas/KBJE9JQ7.

第4章

1 訳注：計算機科学用語。たとえ故障があっても残りの部分でうまく働くといった

注記

序章

1 Frederick Buechner, https://www.frederickbuechner.com/quote-of-the-day/2021/7/18/vocation. 2023年3月21日（訳者は2024年4月26日）アクセス。

2 訳注：マーケティング用語で、情報の提示の仕方によって同じ情報でも消費者の解釈が変わる現象を指す。

3 訳注：企業や政府機関、大学など様々な組織に設置される、イノベーションの開拓や試行を行う施設。

4 訳注：正式名はFlashpoint@Georgia Tech。

第1章

1 1970年9月4日放送の『The Dick Cavett Show』からの切り抜きで、YouTubeで視聴可能。https://www.youtube.com/watch?v=qFt0cP-klQI. 2023年3月21日（訳者は2024年4月27日）アクセス。

2 訳注：誰もが知っているが言及したくないもののたとえ。部屋の中に象がいて、そんな異常事態が起きているのはみんな気づいているが、誰もが面倒なので口に出そうとせず、異常事態が放置されるような現象のこと。

3 訳注：90%以上のソースを探したが、次のURLに示す資料が見つかった。こちらでは95%となっている。ただし本文はスペイン語の記事のため、訳者も確認できていない。https://professionalprograms.mit.edu/blog/design/why-95-of-new-products-miss-the-mark-and-how-yours-can-avoid-the-same-fate/.

4 訳注：物事や出来事を、自身の視点で物語形式にまとめたもの。

第2章

1 訳注：マイクロソフトが1995年に発売し、1998年に開発を終了したWindows用のGUI。

2 訳注：1990年にビールメーカーのクアーズが発売、数年ほどで販売を終了した。

3 訳注：1980年代後半に米国マクドナルドが発売し、1990年代初頭に販売を終了したプレミアムバーガー。日本未発売。

4 訳注：マテル社が1968年に発売したミニカーのブランド。このシリーズは実際には失敗はしておらず、長寿シリーズとして日本にも根強いファンがいる。

5 訳注：マテル社が1990年代に発売したバービー人形用のパソコンを模したおもちゃ。日本で発売されたかはわからなかった。

6 複数の大手企業のベンチャーキャピタリストとの議論や、数多くのスタートアッ

ま

な

は

た

さ

索　引

欧字

なぜイノベーションは起こらないのか
──真正の需要を捉えるプロダクト創出の科学

令和7年1月30日　発　行

訳　者　今　井　健　男

発行者　池　田　和　博

発行所　丸善出版株式会社
〒101-0051 東京都千代田区神田神保町二丁目17番
編集：電話(03)3512-3266／FAX(03)3512-3272
営業：電話(03)3512-3256／FAX(03)3512-3270
https://www.maruzen-publishing.co.jp

組版印刷／製本・大日本印刷株式会社

ISBN 978-4-621-31072-4　C2034　Printed in Japan